»Damit das Mögliche entsteht, muss immer wieder das Unmögliche versucht werden.«

Für alle Leserinnen und Leser von Hermann Hesse eine tagtägliche Freude: Dieser immerwährende Kalender im großen Notizbuchformat, der viel Platz für Ihre persönlichen Aufzeichnungen bereithält, versammelt nicht nur die schönsten Gedichte Hermann Hesses (*Stufen*, *Im Nebel* u. a.) und seine zeitlos-aktuellen Gedanken, sondern zeigt auch zahlreiche der farbenfrohen Aquarelle und Zeichnungen des Dichters sowie Fotos und Faksimiles. Der perfekte Begleiter durchs ganze Jahr!

»Gegen die Infamitäten des Lebens sind die besten Waffen: Tapferkeit, Eigensinn und Geduld. Die Tapferkeit stärkt, der Eigensinn macht Spaß und die Geduld gibt Ruhe.«

Mit Hermann Hesse durchs Jahr. Herausgegeben von Volker Michels. Gebunden. insel taschenbuch 4360. 272 Seiten

Die zuverlässige Wiederkehr der Jahreszeiten ist für Goethe ein wichtiger Faktor der Stabilität. In persönlichen Texten wie dem Brief oder dem Tagebuch, in autobiographischen Erzählwerken, aber auch in der Lyrik und den Romanen spielen die Jahreszeiten eine höchst erstaunliche Rolle. Der Herbst ist für ihn die Jahreszeit der Reisen, manchmal des Schreibens, nicht selten des Weines, aber natürlich auch der reifenden Natur gewesen, die er in seiner Jugend, in Weimar oder in Italien jeweils anders erlebt hat. Zuletzt ist der Herbst des Alters für den Menschen und den Naturforscher Goethe ein Thema gewesen.

Mathias Mayer ist Literaturwissenschaftler an der Universität Augsburg.

Johann Wolfgang Goethe, am 28. August 1749 in Frankfurt am Main geboren, starb am 22. März 1832 in Weimar. Er gilt als der sprachmächtigste Autor der deutschen Literatur. Zu seinen Hauptwerken zählen neben der Lyrik u. a. »Die Leiden des jungen Werthers«, »Iphigenie auf Tauris«, »Wilhelm Meisters Lehr- und Wanderjahre«, »Faust«, die »Farbenlehre« sowie die Autobiographie »Dichtung und Wahrheit«.

insel taschenbuch 4607
Johann Wolfgang Goethe
Herbst

Johann Wolfgang Goethe
HERBST

Herausgegeben von Mathias Mayer

Insel Verlag

Erste Auflage 2017
insel taschenbuch 4607
Originalausgabe
© Insel Verlag Berlin 2017
Vertrieb durch den Suhrkamp Taschenbuch Verlag
Umschlag: hißmann, heilmann, hamburg
Umschlagabbildung: Willem Hekking, *Dahlia's* (Ausschnitt), 1806-1862,
Rijksmuseum, Amsterdam
Satz: Satz-Offizin Hümmer GmbH, Waldbüttelbrunn
Druck: CPI – Ebner & Spiegel, Ulm
Printed in Germany
ISBN 978-3-458-36307-1

Der Herbst des jungen Goethe

Oden an meinen Freund 1767

Erste Ode

Verpflanze den schönen Baum,
Gärtner! er jammert mich.
Glücklicheres Erdreich
Verdiente der Stamm.

Noch hat seiner Natur Kraft
Der Erde aussaugendem Geize,
Der Luft verderbender Fäulnis,
Ein Gegengift widerstanden.

Sieh wie er im Frühling
Lichtgrüne Blätter schlägt
Ihr Orangenduft
Ist dem Geschmeiße Gift.

Der Raupen tückischer Zahn
Wird stumpf an ihnen,
Es blinkt ihr Silberglanz
Im Sonnenscheine.

Von seinen Zweigen
Wünscht das Mädchen
Im Brautkranze,
Früchte hoffen Jünglinge.

Aber sieh der Herbst kömmt,
Da geht die Raupe,
Klagt der listigen Spinne
Des Baums Unverwelklichkeit.

Schwebend zieht sich,
Von ihrer Taxuswohnung,
Die Prachtfeindin, herüber
Zum wohltätigen Baum.

Und kann nicht schaden.
Aber die vielkünstliche
Überzieht, mit grauem Ekel
Die Silberblätter.

Sieht triumphierend,
Wie das Mädgen schaurend,
Der Jüngling jammernd,
Vorübergeht.

Verpflanze den schönen Baum,
Gärtner, er jammert mich.
Baum, danke dem Gärtner
Der dich verpflanzt!

FA I.1, S. 75f.

Der Abschied

Laß mein Aug' den Abschied sagen,
Den mein Mund nicht nehmen kann!
Schwer, wie schwer ist er zu tragen!
Und ich bin doch sonst ein Mann.

Traurig wird in dieser Stunde
Selbst der Liebe süßtes Pfand,
Kalt der Kuß von deinem Munde,
Matt der Druck von deiner Hand.

Sonst, ein leicht gestohlnes Mäulchen,
O wie hat es mich entzückt!
So erfreuet uns ein Veilchen,
Das man früh im März gepflückt.

Doch ich pflücke nun kein Kränzchen,
Keine Rose mehr für dich.
Frühling ist es, liebes Fränzchen,
Aber leider Herbst für mich!

FA I.1, S. 281

Aus »Faust. Der Tragödie Erster Teil«, Nacht

Faust: Es trägt Verstand und rechter Sinn
Mit wenig Kunst sich selber vor;
Und wenn's euch Ernst ist was zu sagen,
Ist's nötig Worten nachzujagen?
Ja, eure Reden, die so blinkend sind,
In denen ihr der Menschheit Schnitzel kräuselt,
Sind unerquicklich wie der Nebelwind,
Der herbstlich durch die dürren Blätter säuselt!

FA I.7.1, S. 39

Ein grauer trüber Morgen
Bedeckt mein Liebes Feld,
Im Nebel tief verborgen,
Liegt um mich her die Welt
O Liebliche Fridricke
Dürft ich nach Dir zurück
In einem Deiner Blicke
Liegt Sonnenschein und Glück

Der Baum in dessen Rinde
Mein Nam bei Deinem Steht,
Wird bleich vom rauhen Winde
Der jede Lust verweht
Der Wiesen grüner Schimmer
Wird trüb wie mein gesicht
Sie Sehen die Sonne nimmer
Und ich Fridricken nicht,

Bald geh ich in die Reben
Und herbste trauben ein
Umher ist alles Leben
Es strudelt neuer Wein,
Doch in der öden Laube
Ach, denk ich wär Sie hier,
Ich brächt ihr diese traube,
Und Sie – was gäb Sie mir

FA I.1, S. 134

Herbstgefühl

Fetter grüne, du Laub,
Am Rebengeländer
Hier mein Fenster herauf!
Gedrängter quellet,
Zwillingsbeeren, und reifet
Schneller und glänzend voller!
Euch brütet der Mutter Sonne
Scheideblick; euch umsäuselt
Des holden Himmels
Fruchtende Fülle;
Euch kühlet des Mondes
Freundlicher Zauberhauch,
Und euch betauen, ach!
Aus diesen Augen
Der ewig belebenden Liebe
Vollschwellende Tränen.

FA I.2, S. 55

Frankfurt, 8. Oktober 1775
An Auguste zu Stolberg

Sonntag den 8. Sept. ⟨Oktober⟩ Bisher eine grose Pause ich in wunderbaaren Kälten und Wärmen. Bald noch eine grössere Pause. Ich erwarte den Herzog v. Weimar der von Karlsruhe mit seiner herrlichen neuen Gemahlinn Louisen von Darmstadt kommt. Ich geh mit ihm nach Weimar. Deine Brüder kommen auch hin, und von da schreib ich gewiss liebste Schwester. Mein Herz ist übel dran. Es ist auch Herbstwetter drinn, nicht warm nicht kalt.

FA II.1, S. 488

Weimarer Herbst

Weimar, 10. September 1776
An Charlotte von Stein

Geniessen Sie rein der lieben Herbst Zeit, es scheint als wollt
Sie der Himmel mit lieben Tagen seegnen. Ade.

FA II.2, S. 62

Weimar, 2. 11. 1776
An den Geist des Johannes Sekundus

Lieber, heiliger, großer Küsser,
Der du mir's in lechzend atmender
Glückseligkeit fast vorgetan hast!
Wem soll ich's klagen? klagt ich dir's nicht!
Dir, dessen Lieder wie ein warmes Küssen
Heilender Kräuter mir unters Herz sich legten,
Daß es wieder aus dem krampfigen Starren
Erdetreibens klopfend sich erholte.
Ach wie klag ich dir's, daß meine Lippe blutet,
Mir gespalten ist, und erbärmlich schmerzet,
Meine Lippe, die so viel gewohnt ist
Von der Liebe süßtem Glück zu schwellen
Und, wie eine goldne Himmelspforte,
Lallende Seligkeit aus und einzustammeln.
Gesprungen ist sie! Nicht vom Biß der Holden,
Die, in voller ringsumfangender Liebe,
Mehr mögt haben von mir, und mögte mich Ganzen
Ganz erküssen, und fressen, und was sie könnte!
Nicht gesprungen weil nach ihrem Hauche

Meine Lippen unheilige Lüfte entweihten.
Ach gesprungen weil mich, Öden, Kalten,
Über beizenden Reif, der Herbstwind anpackt.
Und da ist Traubensaft, und der Saft der Bienen,
An meines Herdes treuem Feuer vereinigt,
Der soll mir helfen! Wahrlich er hilft nicht
Denn von der Liebe alles heilendem
Gift Balsam ist kein Tröpfgen drunter

FA I.1, S. 233

Weimar, 22. November 1776
An Johann Heinrich Merck

Dein Schicksaal drückt mich, da ich so rein glücklich bin, Ich wohne noch im Garten und balge mich mit der Jahreszeit herum und die Abwechslungen der Witterung und der Welthändel um mich, frischen mich immer wieder neu an, ich bin weder Geschäftsmann, noch Hofmann und komm in beyden fort.

FA II.2, S. 72

Tagebuch, 8. Oktober 1777

Mein Zahn der sich wieder meldt hindert mich am Tanzen, die Klufft zwischen mir und denen Menschen allen fiel mir so grass in die Augen, da kein Vehikulum da war. Ich musste fort, denn ich war ihnen auch sichtlich zur Last. Ins Herzogs Zimmer! konnts nicht dauern, sah den Mond über dem Schlosse und herauf. Hier nun zum leztenmal, auf der reinen ruhigen Höhe, im Rauschen des Herbst winds. Unten hatt ich heute ein Heimweh nach Weimar nach meinem Garten, das sich hier schon wieder verliert. – Gern kehr ich doch zurück in mein enges Nest, nun bald in Sturm gewickelt, in Schnee verweht. Und wills Gott in Ruhe vor den Menschen mit denen ich doch nichts zu theilen habe. Hier hab ich weit weniger gelitten als ich gedacht habe, bin aber in viel Entfremdung bestimmt, wo ich doch noch Band glaubte. ♃ wird mir immer näher und näher u Regen und rauher wind rückt die Schaafe zusammen. – – *Regieren!!*

FA II.2, S. 106

Weimar, 16. November 1777
An seine Mutter

Sagen kann ich über die seltsame Nachricht Ihres Briefs gar nichts. Mein Herz und Sinn ist zeither so gewohnt dass das Schicksaal Ball mit ihm spielt dass es für's *neue* es sey Glück oder Unglück fast gar kein Gefühl mehr hat. Mir ists als wenn in der Herbstzeit ein Baum gepflanzt würde, Gott gebe seinen Seegen dazu, dass wir dereinst drunter sizzen Schatten und

Früchte haben mögen. Mit meiner Schwester ist mir so eine starcke Wurzel die mich an der Erde hielt abgehauen worden, dass die Äste, von oben, die davon Nahrung hatten auch absterben müssen. Will sich in der lieben Falmer wieder eine neue Wurzel, theilnehmung und befestigung erzeugen, so will ich auch von meiner Seite mit euch den Göttern dancken. Ich bin zu gewohnt von dem um mich iezzo zu sagen: das ist meine Mutter und meine Geschwister pppppp. Was euch betrifft so seegnet Gott, denn ihr werdet auf's neue erbaut in der Nähe und der Riss ausgebessert.

FA II.2, S. 109

Jena, 29. August 1806
An Charlotte von Schiller

Ihr Brief, meine liebe verehrte Freundin, hat mich in meiner Jenaischen Einsamkeit sehr angenehm überrascht. Ich habe freilich keine so schönen Berge und Wälder zunächst um mich, wie die Ihrigen sind; doch wissen Sie wohl, wenn man einige hundert Schritte geht, so ist man in ganz anmutigen Gegenden. In Carlsbad ist es mir und meiner Gesellschaft ganz gut gegangen und ich finde mich auch gegenwärtig sehr viel besser als vor der Kur. Wir wollen dieses gute Herbstwetter noch zu genießen suchen, um mit desto mehr Sicherheit dem Winter entgegen zu gehen. Da ich mich deshalb so viel als möglich in der freien Luft aufzuhalten gedenke, so wird, wenn das Glück gut ist, Mittwoch den 1. Oktober unsre erste Zusammenkunft sein. Bis dahin sind Sie ja wohl wieder in Weimar. Ich wünsche uns allen gute Gesundheit, damit wir

ununterbrochen unsre Reise fortsetzen können, die ich diesmal mit Ihnen über Berg und Tal, Erd' und Meer zu machen gedenke. Da wir uns so lange in dem Beweglichen aufgehalten haben, so ist es wohl billig, daß wir auch einmal uns zum Stehenden und Festen wenden. Die Gegenstände sind interessant genug und es läßt sich manches erfreuliche und unterrichtende anknüpfen.

FA II.6, S. 120

Weimar, 4. April 1807
An Carl Ludwig von Knebel

Deine Bemerkung ist ganz richtig, daß wir für das Alter ein wenig zu weit auseinandergesät sind. Die Jugend mag sich wohl auseinander begeben, denn sie ist beweglich genug, um wieder zusammenzukommen. Auch sind die Zeiten so wie Herbst- und Wintertage, wo man gern näher zusammenrücken mag. In Humboldts Reisen haben mir deswegen jene Affen gefallen, die, sobald sie in eine kühlere Temperatur kommen, sich gleich in großen Schaaren enge zusammendrängen. Dabey sucht denn jeder in die Mitte zu kommen, um so warm zu sitzen als möglich; welches zu gar possirlichen Unterhandlungen Anlaß geben mag.

WA IV.19, S. 302

Jena, 12. September 1809
An Christiane Goethe

Mein Geschäft hier geht ganz gut und wird auch hoffentlich so zu Ende gelangen, ob ich gleich gestehe, daß das einbrechende Regenwetter und der wilde Herbst mir auf den Winter Grauen erregt. Du hast dir indeß gewiß schon allerley ausgedacht, wie wir jene unfreundliche Jahrszeit zusammen zubringen wollen.

WA IV.21, S. 62

An ***
Zum 30. Oktober 1815

Die Blumen, so dies reiche Füllhorn beut,
Du fragst, was sie dir heute sollen?
Hast du sie nicht mir auf den Weg gestreut?
Nun hab' ich dankbar sie dir sammlen wollen.

WA I.5,1, S. 68

Aus dem Maskenzug
»Die Romatische Poesie«

Herbst

Den Fleiß belohnend aber tritt Pomone
Mit reicher Gaben Fülle zu uns an.
Mit Freuden sehen wir den Kranz, die Krone,
Und viel genießt, wer heuer viel getan.
Der Vater schafft, er freut sich mit dem Sohne,
Aufs neue Jahr geht schon der neue Plan;
Im Kreis der Gäste waltet frohes Leben:
Der Edle hat, und will auch andern geben.

FA I.6, S. 815

Jena, September 1820
Goethe im Gespräch, aufgezeichnet von F. Förster

Nun will ich hier noch einer dritten Begegnung mit Goethe
erwähnen. Auf einem ersten Ausfluge mit meiner jungen
Frau (geb. Laura Gedike) nach Thüringen, im Herbst 1832
[1820], erfuhr ich in Jena, daß Goethe für den Monat September eine Gartenwohnung in dem botanischen Garten der Universität bezogen habe. Ich versäumte nicht, mich und meine
Laura bei ihm anzumelden, und wir wurden in herzlichster
Weise willkommen geheißen. – Goethe bot [am 27. Septem-
ber] meiner Frau seinen Arm zu einem Spaziergang durch
den Garten, und obschon sie kurz vorher geäußert: sie würde
mehr Mut haben, dem Kaiser Napoleon oder Alexander sich

vorstellen zu lassen, als Goethe, gewann sie doch bei dessen entgegenkommender Freundlichkeit vollkommene Unbefangenheit und richtete die von ihrem Lehrer Zelter an den Freund ihr aufgetragenen Grüße bestens aus. »Ich möchte«, sagte Goethe auf diesem Spaziergange, »der jungen Freundin gern ein Sträußchen verehren, aber leider ist, wie Sie sehen, schon alles verblüht.« – »Dort unten«, rief Laura, Goethe mit sich fortziehend, »seh' ich ja noch eine wunderschöne Blume in herrlichster Blüte!« Goethe folgte, er ging festen Schrittes darauf zu. »So kann man denn doch«, rief er, »seinem ärgsten Feinde nicht entgehen: das ist die Tabakspflanze, die eine gar schöne Blüte treibt, deren Blätter aber, wo sie in Rauch aufgehen, das sicherste Mittel sind, mich zu vertreiben.« Dennoch entschloß er sich, diese Tabaksblüte zu brechen, auch fanden sich noch einige Astern und Immergrün, so daß er meiner Frau ein ganz hübsches Sträußchen geben konnte, wie er dabei sagte: »mit Vorbehalt, es im Frühling durch ein besseres zu ersetzen.«

GG III.1, S. 215f.

Jena, 6. September 1821
An den Herzog Carl August

[…] mein Befinden ist von der Art, daß ich wohl hoffen kann, die Unbilden eines bevorstehenden Winters zu überwinden. Möge Herbstcur und Reisebewegung Höchstdieselben in jedem Sinne gestärkt und erquickt haben.

WA IV.33, S. 201f.

Jena, 22. Oktober 1821
An Carl Friedrich Moritz Graf von Brühl

Sie halten mir, mein Bester, gewiß diese Nicht-Abschweifung zu Gute, der ich in eindringenden Herbstnächten in dem einsamsten Gartenhause, gerade im gegenwärtigen Augenblick mich auswärtiger Freunde erinnernd, die abgeschiedensten Stunden verlebe.

WA IV.35, S. 350

Weimar, 8. Oktober 1830
An J. J. und Marianne von Willemer

Möge die Witterung, in jenen freien Gegenden, Ihre Sommer- und Herbsttage besser begünstigt haben als uns im hügelreichen Thüringen. Nur sparsam konnte man irgend einer Gartenanmut genießen, nur selten eine Landpartie wagen; doch muß ich gestehen: mir ist in meinem Hause viel Erfreuliches geworden, vielfache Sendungen von alten und neuern Kunstwerken, da ich denn auch noch des anmutigen Frauenpaars zu gedenken habe, welches mir zum 28. August gar liebenswürdig erschien.

FA II.11, S. 317

Literarische Herbstszenen

Aus »Die Leiden des jungen Werthers«
(2. Fassung)
Brief vom 4. September (1772)

Ja, es ist so. Wie die Natur sich zum Herbste neigt, wird es Herbst in mir und um mich her. Meine Blätter werden gelb und schon sind die Blätter der benachbarten Bäume abgefallen.

FA I.8, S. 161

Aus »Die Leiden des jungen Werthers«
(2. Fassung)
Brief vom 12. Oktober (1772)

Ossian hat in meinem Herzen den Homer verdrängt. Welch eine Welt in die der Herrliche mich führt! Zu wandern über die Haide, umsaust vom Sturmwinde, der in dampfenden Nebeln die Geister der Väter im dämmernden Lichte des Mondes hinführt. Zu hören vom Gebirge her im Gebrülle des Waldstroms halb verwehtes Ächzen der Geister aus ihren Höhlen und die Wehklagen des zu Tode sich jammernden Mädchens, um die vier moosbedeckten, grasbewachsenen Steine des Edelgefallnen ihres Geliebten. Wenn ich ihn dann finde den wandelnden grauen Barden, der auf der weiten Haide die Fußstapfen seiner Väter sucht, und ach! ihre Grabsteine findet, und dann jammernd nach dem lieben Sterne des Abends hinblickt, der sich in's rollende Meer verbirgt, und die Zeiten der Vergangenheit in des Helden Seele lebendig werden, da noch der freundliche Strahl den Gefahren der Tapferen leuchtete,

und der Mond ihr bekränztes siegrückkehrendes Schiff beschien. Wenn ich den tiefen Kummer auf seiner Stirn lese, den letzten, verlaßnen Herrlichen in aller Ermattung dem Grabe zuwanken sehe, wie er immer neue schmerzlichglühende Freuden in der kraftlosen Gegenwart der Schatten seiner Abgeschiedenen einsaugt, und nach der kalten Erde, dem hohen, wehenden Grase niedersieht und ausruft: Der Wanderer wird kommen, kommen! der mich kannte in meiner Schönheit und fragen: Wo ist der Sänger, Fingals trefflicher Sohn? Sein Fußtritt geht über mein Grab hin und er fragt vergebens nach mir auf der Erde – O Freund! ich möchte gleich einem edlen Waffenträger das Schwerdt ziehn, meinen Fürsten von der zückenden Qual des langsam absterbenden Lebens auf einmal befreyen und dem befreyten Halbgott meine Seele nachsenden.

FA I.8, S. 171 und 173

Aus »Die Leiden des jungen Werthers« (2. Fassung) Brief vom 3. November (1772)

Wenn ich zu meinem Fenster hinaus an den fernen Hügel sehe, wie die Morgensonne über ihn her den Nebel durchbricht, und den stillen Wiesengrund bescheint, und der sanfte Fluß zwischen seinen entblätterten Weiden zu mir herschlängelt, – o! wenn da diese herrliche Natur so starr vor mir steht wie ein lackirtes Bildchen, und alle die Wonne keinen Tropfen Seligkeit aus meinem Herzen herauf in das Gehirn pumpen kann, und der ganze Kerl vor Gottes Angesicht steht wie

ein versiegter Brunn, wie ein verlechzter Eimer. Ich habe mich oft auf den Boden geworfen und Gott um Thränen gebeten wie ein Ackersmann um Regen, wenn der Himmel ehern über ihm ist und um ihn die Erde verdürstet.

Aber ach! ich fühle es, Gott gibt Regen und Sonnenschein nicht unserm ungestümen Bitten, und jene Zeiten deren Andenken mich quält, warum waren sie so selig? als weil ich mit Geduld seinen Geist erwartete, und die Wonne, die er über mich ausgoß, mit ganzem, innigdankbarem Herzen aufnahm.

FA I.8, S. 179

Vier Jahrszeiten

Herbst

38
Früchte bringet das Leben dem Mann; doch hangen sie selten,
  Rot und lustig am Zweig, wie uns ein Apfel begrüßt.

39
Richtet den herrschenden Stab auf Leben und Handeln, und
                                                      lasset
  Amorn, dem lieblichen Gott, doch mit der Muse das Spiel!

40
Lehret! Es ziemet euch wohl, auch wir verehren die Sitte;
  Aber die Muse läßt nicht sich gebieten von euch.

41

Nimm dem Prometheus die Fackel, beleb', o Muse, die
Menschen!
Nimm sie dem Amor, und rasch quäl' und beglücke, wie er!

42

Alle Schöpfung ist Werk der Natur. Von Jupiters Throne
Zuckt der allmächtige Strahl, nährt und erschüttert die
Welt.

43

Freunde, treibet nur Alles mit Ernst und Liebe; die Beiden
Stehen dem Deutschen so schön, den ach! so Vieles
entstellt.

44

Kinder werfen den Ball an die Wand, und fangen ihn wieder;
Aber ich lobe das Spiel, wirft mir der Freund ihn zurück.

45

Immer strebe zum Ganzen, und kannst du selber kein Ganzes
Werden, als dienendes Glied schließ' an ein Ganzes dich an.

46

Wär't ihr, Schwärmer, im Stande, die Ideale zu fassen,
O! so verehrtet ihr auch, wie sich's gebührt, die Natur.

47

Wem zu glauben ist, redlicher Freund, das kann ich dir sagen:
Glaube dem Leben; es lehrt besser als Redner und Buch.

48

Alle Blüten müssen vergehn, daß Früchte beglücken;
　　Blüten und Frucht zugleich gebet ihr Musen allein.

49

Schädliche Wahrheit, ich ziehe sie vor dem nützlichen
　　　　　　　　　　　　　　　　Irrtum.
　　Wahrheit heilet den Schmerz, den sie vielleicht uns
　　　　　　　　　　　　　　　　erregt.

50

Schadet ein Irrtum wohl? Nicht immer! aber das Irren
　　Immer schadet's. Wie sehr, sieht man am Ende des Wegs.

51

Fremde Kinder, wir lieben sie nie so sehr als die eignen;
　　Irrtum, das eigene Kind, ist uns dem Herzen so nah.

52

Irrtum verläßt uns nie; doch zieht ein höher Bedürfnis
　　Immer den strebenden Geist leise zur Wahrheit hinan.

53

Gleich sei Keiner dem Andern; doch gleich sei Jeder dem
　　　　　　　　　　　　　　　　Höchsten.
　　Wie das zu machen? Es sei jeder vollendet in sich.

54

Warum will sich Geschmack und Genie so selten vereinen?
　　Jener fürchtet die Kraft; dieses verachtet den Zaum.

55

Fortzupflanzen die Welt sind alle vernünft'gen Discurse
    Unvermögend; durch sie kommt auch kein Kunstwerk
                  hervor.

56

Welchen Leser ich wünsche? den Unbefangensten, der mich,
    Sich und die Welt vergißt, und in dem Buche nur lebt.

57

Dieser ist mir der Freund, der mit mir Strebenden wandelt;
    Läd't er zum Sitzen mich ein, stehl' ich für heute mich weg.

58

Wie beklag' ich es tief, daß diese herrliche Seele,
    Wert, mit zum Zwecke zu gehn, mich nur als Mittel
                  begreift!

59

Preise dem Kinde die Puppen, wofür es begierig die Groschen
    Hinwirft; wahrlich! du wirst Krämern und Kindern ein
                  Gott.

60

Wie verfährt die Natur, um Hohes und Niedres im Menschen
    Zu verbinden? Sie stellt Eitelkeit zwischen hinein.

61

Auf das empfindsame Volk hab' ich nie was gehalten; es
                  werden,
    Kommt die Gelegenheit, nur schlechte Gesellen daraus.

62

Franztum drängt in diesen verworrenen Tagen, wie ehmals
  Luthertum es getan, ruhige Bildung zurück.

63

Wo Parteien entstehn, hält Jeder sich hüben und drüben;
  Viele Jahre vergehn, eh' sie die Mitte vereint.

64

»Jene machen Partei; welch unerlaubtes Beginnen!
  Aber unsre Partei, freilich, versteht sich von selbst.«

65

Willst du, mein Sohn, frei bleiben, so lerne was Rechtes, und
                                                              halte
  Dich genügsam, und nie blicke nach oben hinauf!

66

Wer ist der edlere Mann in jedem Stande? Der stets sich
  Neiget zum Gleichgewicht, was er auch habe voraus.

67

Wißt ihr, wie auch der Kleine was ist? Er mache das Kleine
  Recht; der Große begehrt just so das Große zu tun.

68

Was ist heilig? Das ist's, was viele Seelen zusammen
  Bindet; bänd' es auch nur leicht, wie die Binse den Kranz.

69

Was ist das Heiligste? Das, was, heut und ewig, die Geister,
  Tiefer und tiefer gefühlt, immer nur einiger macht.

70

Wer ist das würdigste Glied des Staats? Ein wackerer Bürger;
    Unter jeglicher Form bleibt er der edelste Stoff.

71

Wer ist denn wirklich ein Fürst? Ich hab' es immer gesehen,
    Der nur ist wirklich Fürst, der es vermochte zu sein.

72

Fehlet die Einsicht oben, der gute Wille von unten,
    Führt sogleich die Gewalt, oder sie endet den Streit.

73

Republiken hab' ich gesehen, und das ist die beste,
    Die dem regierenden Teil Lasten, nicht Vorteil, gewährt.

74

Bald, es kenne nur Jeder den eigenen, gönne dem Andern
    Seinen Vorteil, so ist ewiger Friede gemacht.

75

Keiner bescheidet sich gern mit dem Teile, der ihm gebühret.
    Und so habt ihr den Stoff immer und ewig zum Krieg.

76

Zweierlei Arten gibt es, die treffende Wahrheit zu sagen:
    Öffentlich immer dem Volk, immer dem Fürsten geheim.

77

Wenn du laut den Einzelnen schiltst, er wird sich verstocken,
    Wie sich die Menge verstockt, wenn du im Ganzen sie lobst.

78

Du bist König und Ritter, und kannst befehlen und streiten;
  Aber zu jedem Vertrag rufe den Kanzler herbei.

79

Klug und tätig und fest, bekannt mit Allem, nach oben
  Und nach unten gewandt, sei er Minister und bleib's.

80

Welchen Hofmann ich ehre? Den klärsten und feinsten! Das
                                                  Andre,
  Was er noch sonst besitzt, kommt ihm als Menschen zu gut.

81

Ob du der Klügste seist: daran ist wenig gelegen;
  Aber der Biederste sei, so wie bei Rate, zu Haus.

82

Ob du wachst, das kümmert uns nicht, wofern du nur singest.
  Singe, Wächter, dein Lied schlafend, wie Mehrere tun.

83

Diesmal streust du, o Herbst, nur leichte, welkende Blätter;
  Gib mir ein andermal schwellende Früchte dafür.

FA I.2, S. 242-247

Aus »Herrmann und Dorothea«
I. Gesang, V. 44-50:

Und es sagte darauf der gute Vater mit Nachdruck:
Solch ein Wetter ist selten zu solcher Ernte gekommen, Und
wir bringen die Frucht herein, wie das Heu schon herein ist,
Trocken; der Himmel ist hell, es ist kein Wölkchen zu sehen,
Und von Morgen wehet der Wind mit lieblicher Kühlung,
Das ist beständiges Wetter! und überreif ist das Korn schon;
Morgen fangen wir an zu schneiden die reichliche Ernte.

FA I.8, S. 808f.

Aus »Herrmann und Dorothea«
IV. Gesang, V. 1-64

Also sprachen die Männer sich unterhaltend. Die Mutter
Ging indessen, den Sohn erst vor dem Hause zu suchen,
Auf der steinernen Bank, wo sein gewöhnlicher Sitz war.
Als sie daselbst ihn nicht fand, so ging sie, im Stalle zu
    schauen,
Ob er die herrlichen Pferde, die Hengste, selber besorgte,
Die er als Fohlen gekauft und die er niemand vertraute.
Und es sagte der Knecht: er ist in den Garten gegangen.
Da durchschritt sie behende die langen doppelten Höfe,
Ließ die Ställe zurück und die wohlgezimmerten Scheunen,
Trat in den Garten, der weit bis an die Mauern des Städtchens
Reichte, schritt ihn hindurch, und freute sich jeglichen
    Wachstums,
Stellte die Stützen zurecht, auf denen beladen die Äste

Ruhten des Apfelbaums, wie des Birnbaums lastende Zweige,
Nahm gleich einige Raupen vom kräftig strotzenden Kohl
 weg;
Denn ein geschäftiges Weib tut keine Schritte vergebens.
Also war sie ans Ende des langen Gartens gekommen,
Bis zur Laube mit Geißblatt bedeckt; nicht fand sie den Sohn
 da,
Eben so wenig als sie bis jetzt ihn im Garten erblickte.
Aber nur angelehnt war das Pförtchen, das aus der Laube,
Aus besonderer Gunst durch die Mauer des Städtchens ge-
 brochen
Hatte der Ahnherr einst, der würdige Burgemeister.
Und so ging sie bequem den trocknen Graben hinüber,
Wo an der Straße sogleich der wohlumzäunete Weinberg
Aufstieg steileren Pfads, die Fläche zur Sonne gekehrt.
Auch den schritt sie hinauf und freute der Fülle der Trauben
Sich im Steigen, die kaum sich unter den Blättern verbargen.
Schattig war und bedeckt der hohe mittlere Laubgang,
Den man auf Stufen erstieg von unbehauenen Platten.
Und es hingen herein Gutedel und Muskateller,
Rötlich blaue darneben von ganz besonderer Größe,
Alle mit Fleiße gepflanzt, der Gäste Nachtisch zu zieren.
Aber den übrigen Berg bedeckten einzelne Stöcke,
Kleinere Trauben tragend, von denen der köstliche Wein
 kommt.
Also schritt sie hinauf, sich schon des Herbstes erfreuend
Und des festlichen Tags, an dem die Gegend im Jubel
Trauben lieset und tritt, und den Most in die Fässer versam-
 melt,
Feuerwerke des Abends von allen Orten und Enden
Leuchten und knallen, und so der Ernten schönste geehrt wird.
Doch unruhiger ging sie, nachdem sie dem Sohne gerufen

Zwei- auch dreimal, und nur das Echo vielfach zurückkam,
Das von den Türmen der Stadt, ein sehr geschwätziges, her-
klang.
Ihn zu suchen war ihr so fremd; er entfernte sich niemals
Weit, er sagt' es ihr denn, um zu verhüten die Sorge
Seiner liebenden Mutter und ihre Furcht vor dem Unfall.
Aber sie hoffte noch stets, ihn doch auf dem Wege zu finden;
Denn die Türen, die untre, so wie die obre, des Weinbergs
Standen gleichfalls offen. Und so nun trat sie ins Feld ein,
Das mit weiter Fläche den Rücken des Hügels bedeckte.
Immer noch wandelte sie auf eigenem Boden, und freute
Sich der eigenen Saat und des herrlich nickenden Kornes,
Das mit goldener Kraft sich im ganzen Felde bewegte.
Zwischen den Äckern schritt sie hindurch, auf dem Raine,
den Fußpfad,
Hatte den Birnbaum im Auge, den großen, der auf dem Hügel
Stand, die Grenze der Felder, die ihrem Hause gehörten.
Wer ihn gepflanzt, man konnt' es nicht wissen. Er war in der
Gegend
Weit und breit gesehn, und berühmt die Früchte des Baumes.
Unter ihm pflegten die Schnitter des Mahls sich zu freuen am
Mittag,
Und die Hirten des Viehs in seinem Schatten zu warten;
Bänke fanden sich da von rohen Steinen und Rasen.
Und sie irrte nicht; dort saß ihr Herrmann, und ruhte,
Saß mit dem Arme gestützt und schien in die Gegend zu
schauen
Jenseits, nach dem Gebirg', er kehrte der Mutter den Rücken.
Sachte schlich sie hinan, und rührt' ihm leise die Schulter.
Und er wandte sich schnell; da sah sie ihm Tränen im Auge.

FA I.8, S. 830-832

Aus der Besprechung von
Johann Heinrich Voß' »Lyrische Gedichte«

Kaum aber ist alles dieses Gute in des Menschen Gewahrsam gebracht, so schleicht auch der Herbst schon wieder heran, und unser Dichter nimmt rührenden Abschied von einer, wenigstens in der äußeren Erscheinung hinfälligen Natur. Doch seine geliebte Vegetation überläßt er nicht ganz dem unfreundlichen Winter. Der zierliche Topf nimmt manchen Strauch, manche Zwiebel auf, um in winterhafter Häuslichkeit den Sommer zu heucheln, und auch in dieser Jahreszeit kein Fest ohne Blumen und Kränze zu lassen. Selbst ist gesorgt, daß es dem zur Familie gehörenden Vogel nicht an grünem, frischem Dache seiner Käfichtlaube fehle.

Nun ist es die schönste Zeit für kurze Spaziergänge, für trauliches Gespräch an schaurigen Abenden. Jede häusliche Empfindung wird rege, freundschaftliche Sehnsucht vermehrt sich, das Bedürfnis der Musik läßt sich lebhafter fühlen, und nun mag sich der Kranke selbst gern an den traulichen Zirkel anschmiegen, und ein verscheidender Freund kleidet sich in die Farbe der scheidenden Jahrszeit.

Denn so gewiß nach überstandenem Winter ein Frühling zurückkehrt, so gewiß werden sich Freunde, Gatten, Verwandte in allen Graden wiedersehen, sie werden sich in der Gegenwart eines alliebenden Vaters wiederfinden und alsdann erst unter sich und mit allem Guten ein Ganzes bilden, wornach sie in dem Stückwerk der Welt nur vergebens hinstrebten. Eben so ruht auch schon hier des Dichters Glückseligkeit auf der Überzeugung, daß alles der Vorsorge eines weisen Gottes sich zu erfreun habe, der mit seiner Kraft jeden erreicht, und sein Licht über alle leuchten läßt. So bewirkt auch die Anbetung dieses Wesens im Dichter die höchste Klarheit und Ver-

nünftigkeit und zugleich eine Versicherung, daß jene Gedanken, jene Worte, mit denen er unendliche Eigenschaften faßt
und bezeichnet, nicht leere Träume noch Klänge sind, ein
Wonnegefühl eigener und allgemeiner Seligkeit, in welcher alles Widerstrebende, Besondere, Abweichende, aufgelöst und
verschlungen wird.

FA I.18, S. 948f.

Aus »Die Wahlverwandtschaften«
Zweiter Teil, 3. Kapitel

Es war der Abend vor Eduards Geburtstage. Diesen hatte sie
freilich ganz anders zu feiern gehofft: wie sollte nicht alles zu
diesem Feste geschmückt sein? Aber nunmehr stand der ganze herbstliche Blumenreichtum ungepflückt. Diese Sonnen-
blumen wendeten noch immer ihr Angesicht gen Himmel;
diese Astern sahen noch immer still bescheiden vor sich hin,
und was allenfalls davon zu Kränzen gebunden war, hatte
zum Muster gedient einen Ort auszuschmücken, der wenn er
nicht bloß eine Künstler-Grille bleiben, wenn er zu irgend etwas genutzt werden sollte, nur zu einer gemeinsamen Grab-
stätte geeignet schien.

Sie mußte sich dabei der geräuschvollen Geschäftigkeit erinnern, mit welcher Eduard ihr Geburtsfest gefeiert, sie mußte des neugerichteten Hauses gedenken, unter dessen Decke
man sich soviel Freundliches versprach. Ja das Feuerwerk
rauschte ihr wieder vor Augen und Ohren, je einsamer sie
war, desto mehr vor der Einbildungskraft; aber sie fühlte sich
auch nur um desto mehr allein. Sie lehnte sich nicht mehr

auf seinen Arm, und hatte keine Hoffnung, an ihm jemals wieder eine Stütze zu finden.

FA I.8, S. 408f.

Aus »Die Wahlverwandtschaften«
Zweiter Teil, 3. Kapitel. Aus Ottiliens Tagebuch

»Das Jahr klingt ab. Der Wind geht über die Stoppeln und findet nichts mehr zu bewegen; nur die roten Beeren jener schlanken Bäume scheinen uns noch an etwas Munteres erinnern zu wollen, so wie uns der Taktschlag des Dreschers den Gedanken erweckt, daß in der abgesichelten Ähre soviel Nährendes und Lebendiges verborgen liegt.«

FA I.8, S. 410

Aus »Die Wahlverwandtschaften«
Zweiter Teil, 9. Kapitel

Daß der Herbst eben so herrlich würde wie der Frühling, dafür war gesorgt. Alle sogenannte Sommergewächse, alles was im Herbst mit Blühen nicht enden kann und sich der Kälte noch keck entgegen entwickelt, Astern besonders, waren in der größten Mannigfaltigkeit gesät und sollten nun überallhin verpflanzt, einen Sternhimmel über die Erde bilden.

FA I.8, S. 461f.

Aus »Die Wahlverwandtschaften«
Zweiter Teil, 17. Kapitel

So rückte man dem Geburtstage Eduards näher, dessen Feier man vor einem Jahre nicht erreicht hatte. Er sollte ohne Festlichkeit in stillem freundlichen Behagen diesmal gefeiert werden. So war man, halb stillschweigend halb ausdrücklich, mit einander übereingekommen. Doch je näher diese Epoche heranrückte, vermehrte sich das Feierliche in Ottiliens Wesen, das man bisher mehr empfunden als bemerkt hatte. Sie schien im Garten oft die Blumen zu mustern; sie hatte dem Gärtner angedeutet, die Sommergewächse aller Art zu schonen, und sich besonders bei den Astern aufgehalten, die gerade dieses Jahr in unmäßiger Menge blühten.

FA I.8, S. 517f.

Altschottisch

Und morgen fällt St. Martins Fest,
Gutweib liebt ihren Mann;
Da knetet sie ihm Puddings ein
Und bäckt sie in der Pfann.

Im Bette liegen beide nun
Da saust ein wilder West;
Und Gutmann spricht zur guten Frau:
»Du riegle die Türe fest.« –

»Bin kaum erholt und halb erwarmt,
Wie käm' ich da zu Ruh;
Und klapperte sie einhundert Jahr,
Ich riegelte sie nicht zu.«

Drauf eine Wette schlossen sie
Ganz leise sich in's Ohr:
So wer das erste Wörtlein spräch,
Der schöbe den Riegel vor.

Zwei Wanderer kommen um Mitternacht
Und wissen nicht wo sie stehn,
Die Lampe losch, der Herd verglomm,
Zu hören ist nichts, zu sehn.

»Was ist das für ein Hexen-Ort,
Da bricht uns die Geduld!«
Doch hörten sie kein Sterbenswort,
Des war die Türe schuld.

Den weißen Pudding speisten sie,
Den schwarzen ganz vertraut;
Und Gutweib sagte sich selber viel,
Doch keine Sylbe laut.

Zum Andern sprach der Eine dann:
»Wie trocken ist mir der Hals,
Der Schrank der klafft und geistig riecht's,
Da findet sich's allenfalls.«

»Ein Fläschchen Schnaps ergreif' ich da,
Das trifft sich doch geschickt,

Ich bring' es dir, du bringst es mir,
Und bald sind wir erquickt.«

Doch Gutmann sprang so heftig auf
Und fuhr sie drohend an:
»Bezahlen soll mit teurem Geld
Wer mir den Schnaps vertan.«

Und Gutweib sprang auch froh heran,
Drei Sprünge als wär' sie reich:
»Du Gutmann sprachst das erste Wort,
Nun riegle die Türe gleich.«

FA I.12, S. 330 f.

Aus »Wilhelm Meisters Wanderjahre«
Erstes Buch, Erstes Kapitel

Die Flucht nach Ägypten

Im Schatten eines mächtigen Felsen saß Wilhelm an grauser, bedeutender Stelle, wo sich der steile Gebirgsweg um eine Ecke herum schnell nach der Tiefe wendete. Die Sonne stand noch hoch und erleuchtete die Gipfel der Fichten in den Felsengründen zu seinen Füßen. Er bemerkte eben etwas in seine Schreibtafel, als Felix, der umhergeklettert war, mit einem Stein in der Hand zu ihm kam. Wie nennt man diesen Stein, Vater? sagte der Knabe.

Ich weiß nicht, versetzte Wilhelm.

Ist das wohl Gold, was darin so glänzt? sagte jener.

Es ist kein's! versetzte dieser: und ich erinnere mich, daß es die Leute Katzengold nennen.

Katzengold! sagte der Knabe lächelnd: und warum?

Wahrscheinlich weil es falsch ist und man die Katzen auch für falsch hält.

Das will ich mir merken, sagte der Sohn, und steckte den Stein in die lederne Reisetasche, brachte jedoch sogleich etwas anders hervor und fragte: was ist das? Eine Frucht, versetzte der Vater, und nach den Schuppen zu urteilen, sollte sie mit den Tannenzapfen verwandt sein. – Das sieht nicht aus wie ein Zapfen, es ist ja rund. – Wir wollen den Jäger fragen; die kennen den ganzen Wald und alle Früchte, wissen zu säen, zu pflanzen und zu warten, dann lassen sie die Stämme wachsen und groß werden wie sie können. – Die Jäger wissen alles; gestern zeigte mir der Bote, wie ein Hirsch über den Weg gegangen sei, er rief mich zurück und ließ mich die Fährde bemerken, wie er es nannte; ich war darüber weggesprungen, nun aber sah ich deutlich ein Paar Klauen eingedrückt; es mag ein großer Hirsch gewesen sein. – »Ich hörte wohl wie du den Boten ausfragtest.« – Der wußte viel und ist doch kein Jäger. Ich aber will ein Jäger werden. Es ist gar zu schön den ganzen Tag im Walde zu sein und die Vögel zu hören, zu wissen wie sie heißen, wo ihre Nester sind, wie man die Eier aushebt oder die Jungen; wie man sie füttert und wenn man die Alten fängt: das ist gar zu lustig.

FA I.10, S. 263f.

Der Naturforscher

Aus »Wilhem Meisters Lehrjahre«
Zweites Buch, 2. Kapitel

Denn wir merken erst, wie traurig und unangenehm ein trüber Tag ist, wenn ein einziger, durchdringender Sonnenblick uns den aufmunternden Glanz einer heitern Stunde darstellt.

FA I.9, S. 433

Dauer im Wechsel

Hielte diesen frühen Segen
Ach nur Eine Stunde fest!
Aber vollen Blütenregen
Schüttelt schon der laue West.
Soll ich mich des Grünen freuen?
Dem ich Schatten erst verdankt;
Bald wird Sturm auch das zerstreuen,
Wenn es falb im Herbst geschwankt.

Willst du nach den Früchten greifen;
Eilig nimm dein Teil davon!
Diese fangen an zu reifen
Und die andern keimen schon;
Gleich, mit jedem Regengusse,
Ändert sich dein holdes Tal,
Ach! und in demselben Flusse
Schwimmst du nicht zum zweitenmal.

Du nun selbst! Was felsenfeste
Sich vor dir hervorgetan,
Mauern siehst du, siehst Paläste
Stets mit andern Augen an.
Weggeschwunden ist die Lippe,
Die im Kusse sonst genas,
Jener Fuß, der an der Klippe
Sich, mit Gemsenfreche, maß.

Jene Hand, die gern und milde
Sich bewegte wohlzutun,
Das gegliederte Gebilde,
Alles ist ein andres nun.
Und was sich, an jener Stelle,
Nun mit deinem Namen nennt,
Kam herbei, wie eine Welle,
Und so eilt's zum Element.

Laß den Anfang mit dem Ende
Sich in Eins zusammenziehn!
Schneller als die Gegenstände
Selber dich vorüberfliehn.
Danke, daß die Gunst der Musen
Unvergängliches verheißt,
Den Gehalt in deinem Busen
Und die Form in deinem Geist.

FA I.2, S. 787f.

Aus »Sprüche in Prosa«

Es steht manches Schöne isolirt in der Welt, doch der Geist ist es, der Verknüpfungen zu entdecken und dadurch Kunstwerke hervorzubringen hat. – Die Blume gewinnt erst ihren Reiz durch das Insect das ihr anhängt, durch den Thautropfen der sie befeuchtet, durch das Gefäß woraus sie allenfalls ihre letzte Nahrung zieht. Kein Busch, kein Baum, dem man nicht durch die Nachbarschaft eines Felsens, einer Quelle, Bedeutung geben, durch eine mäßige einfache Ferne größern Reiz verleihen könnte. So ist es mit menschlichen Figuren und so mit Thieren aller Art beschaffen.

FA I.13, S. 130

Aus »Sprüche in Exzerpten«

Im Frühling und Herbst denkt man nicht leicht an's Kaminfeuer, und doch geschieht es, daß wenn wir zufällig an einem vorbeigehen, wir das Gefühl, das es mittheilt, so angenehm finden, daß wir ihm wohl nachhängen mögen. Dieß möchte mit jeder Versuchung analog seyn.

FA I.13, S. 306f.

Aus der »Novelle«

Doch wer preis't den Ruhm des Herrn, den die Sterne loben von Ewigkeit zu Ewigkeit! Warum seht ihr aber im Fernen umher? betrachtet hier die Biene, noch spät im Herbst sammlet sie emsig und baut sich ein Haus, winkel- und waagerecht, als Meister und Geselle.

FA I.8, S. 550

Aus »Entoptische Farben«

XIV. Umwandlung durch trübe Mittel

Zu den ersten Beobachtungen und Versuchen haben wir den klarsten Himmel gefordert: denn es war zu bemerken daß durch Wolken aller Art das Phänomen unsicher werden könne. Um aber auch hierüber zu einiger Gesetzlichkeit zu gelangen beobachtete man die verschiedensten Zustände der Atmosphäre; endlich glückte folgendes. Man kennt die zarten, völlig gleich ausgeteilten Herbstnebel, welche den Himmel mit reinem leichten Schleier, besonders des Morgens, bedekken und das Sonnenbild entweder gar nicht, oder doch nur strahlenlos durchscheinen lassen. Bei einer auf diese Weise bedeckten Atmosphäre gibt sowohl die Sonnenseite, als die gegenüberstehende das schwarze Kreuz, die Seitenregionen aber das weiße.

An einem ganz heitern, stillen Morgen in Karlsbad, anfangs Mai 1820, als der Rauch, aus allen Essen aufsteigend, sich über dem Tal sanft zusammenzog und nebelartig vor der Sonne

stand, konnte ich bemerken daß auch dieser Schleier an der Sonnenseite das weiße Kreuz in das schwarze verwandelte, anstatt daß auf der reinen Westseite über dem Hirschsprung das weiße Kreuz in völliger Klarheit bewirkt wurde.

Ein Gleiches erfuhr ich, als ein verästeter, verzweigter Luftbaum sich, vor und nach Aufgang der Sonne, im Osten zeigte, er kehrte die Erscheinung um wie Nebel und Rauch.

Völlig überzogener Regenhimmel kehrte die Erscheinung folgendermaßen um: die Ostseite gab das schwarze Kreuz, die Süd- und Nordseite das weiße, die Westseite, ob sie gleich auch überzogen war, hielt sich dem Gesetz gemäß und gab das weiße Kreuz.

Nun hatten wir aber auch, zu unserer großen Zufriedenheit, einen uralten, sehr getrübten Metallspiegel gefunden, welcher die Gegenstände zwar noch deutlich genug, aber doch sehr verdüstert wieder gibt. Auf diesen brachte man den Kubus und richtete ihn bei dem klarsten Zustand der Atmosphäre gegen die verschiedenen Himmelsgegenden. Auch hier zeigte sich das Phänomen umgekehrt, der direkte Widerschein gab das schwarze, der oblique das weiße Kreuz; und, daß es ja an Mannigfaltigkeit der Versuche nicht fehle, wiederholte man sie bei rein verbreitetem Nebel; nun gab die Sonnenseite und ihr direkter Widerschein das weiße, die Seitenregionen aber das schwarze Kreuz. Von großer Wichtigkeit scheinen uns diese Betrachtungen.

FA I.25, S. 690f.

Eckermann, Gespräche mit Goethe, 26. September 1827

Goethe hatte mich auf diesen Morgen zu einer Spazierfahrt nach der Hottelstedter Ecke, der westlichsten Höhe des Ettersberges, und von da nach dem Jagdschloß Ettersburg einladen lassen. Der Tag war überaus schön und wir fuhren zeitig zum Jacobstore hinaus. Hinter Lützendorf, wo es stark bergan geht und wir nur Schritt fahren konnten, hatten wir zu allerlei Beobachtungen Gelegenheit. Goethe bemerkte rechts in den Hecken hinter dem Kammergut eine Menge Vögel und fragte mich: *ob es Lerchen wären?* – Du Großer und Lieber, dachte ich, der Du die ganze Natur wie wenig Andere durchforschet hast, in der Ornithologie scheinst Du ein Kind zu sein.

Es sind Ammern und Sperlinge, erwiderte ich, auch wohl einige verspätete Grasmücken, die nach abgewarteter Mauser aus dem Dickicht des Ettersberges herab in die Gärten und Felder kommen und sich zum Fortzuge anschicken; aber Lerchen sind es nicht. Es ist nicht in der Natur der Lerche, sich auf Büsche zu setzen. Die Feld- oder Himmels-Lerche steigt in die Luft aufwärts und geht wieder zur Erde herab, zieht auch wohl im Herbst scharenweis durch die Luft hin und wirft sich wiederum auf irgend ein Stoppelfeld nieder, aber sie geht nicht auf Hecken und Gebüsche. Die Baumlerche dagegen liebt [sich] den Gipfel hoher Bäume, von wo aus sie singend in die Luft steigt und wieder auf ihren Baumgipfel herabfällt. Dann gibt es noch eine andere Lerche, die man in einsamen Gegenden an der Mittagsseite von Waldblößen antrifft und die einen sehr weichen, flötenartigen, doch etwas melancholischen Gesang hat. Sie hält sich nicht am Ettersberge auf, der ihr zu lebhaft und zu nahe von Menschen umwohnt ist; aber auch sie geht nicht in Gebüsche.

»Hm! sagte Goethe, Sie scheinen in diesen Dingen nicht eben ein Neuling zu sein.«

Ich habe das Fach von Jugend auf mit Liebe getrieben, erwiderte ich, und immer Augen und Ohren dafür offen gehabt. Der ganze Wald des Ettersberges hat wenige Stellen, die ich nicht zu wiederholten malen durchstreift bin. Wenn ich jetzt einen einzigen Ton höre, so getraue ich mir zu sagen, von welchem Vogel er kommt. Auch bin ich so weit, daß wenn man mir irgend einen Vogel bringt, der in der Gefangenschaft durch verkehrte Behandlung das Gefieder verloren hat, ich mir getraue, ihn sehr bald vollkommen gesund und wohl befiedert wieder herzustellen.

»Das zeigt allerdings, erwiderte Goethe, daß Sie in diesen Dingen bereits Vieles durchgemacht haben. Ich möchte Ihnen raten, das Studium ernstlich fort zu treiben; es muß bei Ihrer entschiedenen Richtung zu sehr guten Resultaten führen. Aber sagen Sie mir etwas über die Mauser. Sie sprachen vorhin von verspäteten Grasmücken, die nach vollendeter Mauser aus dem Dickicht des Ettersberges in die Felder herabgekommen. Ist denn die Mauser an eine gewisse Epoche gebunden und mausern sich alle Vögel zugleich?«

Bei den meisten Vögeln, erwiderte ich, tritt sie sogleich nach vollendeter Brütezeit ein; das heißt, sobald die Jungen des letzten Geheckes so weit sind, daß sie sich selber helfen können. Nun fragt es sich aber, ob der Vogel von diesem Zeitpunkte des fertigen letzten Geheckes, bis zu dem seines Wegzugs, zur Mauser noch den gehörigen Raum hat. Hat er ihn, so mausert er sich hier und zieht mit frischem Gefieder fort. Hat er ihn nicht, so zieht er mit seinem alten Gefieder fort und mausert sich später im warmen Süden. Denn die Vögel kommen im Frühling nicht zu gleicher Zeit zu uns, auch ziehen sie im Herbst nicht zu gleicher Zeit fort. Und dieses rührt

daher, daß die eine Art sich aus einiger Kälte und rauhem Wetter weniger macht und sie mehr ertragen kann, als eine andere. Ein Vogel aber, der früh bei uns ankommt, zieht spät weg, und ein Vogel, der spät bei uns ankommt, zieht früh weg.

So ist schon unter den Grasmücken, die doch zu *einem Geschlecht* gehören, ein großer Unterschied. Die klappernde Grasmücke, oder das Müllerchen, läßt sich schon Ende März bei uns hören; vierzehn Tage später kommt die schwarzköpfige, oder der Mönch; sodann etwa nach einer Woche die Nachtigall; und erst ganz zu Ende April, oder Anfangs Mai, die graue. Alle diese Vögel mausern sich im August bei uns, so auch die Jungen ihres ersten Geheckes; weshalb man denn Ende August junge Mönche fängt, die schon das schwarze Köpfchen haben. Die Jungen des letzten Geheckes aber ziehen mit ihrem ersten Gefieder fort und mausern sich später in südlichen Ländern, aus welchem Grunde man denn Anfangs September junge Mönche fangen kann, und zwar junge Männchen, die noch das rote Köpfchen haben, wie ihre Mutter.

»Ist denn die graue Grasmücke, fragte Goethe, der späteste bei uns ankommende Vogel, oder kommen andere noch später?«

Der sogenannte gelbe Spottvogel und der prächtige goldgelbe Pirol, erwiderte ich, kommen erst gegen Pfingsten. Beide ziehen nach vollendeter Brütezeit, gegen die Mitte August, schon wieder fort, und mausern sich mit ihren Jungen im Süden. Hat man sie im Käfig, so mausern sie sich bei uns im Winter, weshalb denn diese Vögel sehr schwer durchzubringen sind. Sie verlangen sehr viele Wärme. Hängt man sie aber in die Nähe des Ofens, so verkümmern sie aus Mangel an fruchtbarer Luft; bringt man sie dagegen in die Nähe des Fensters, so verkümmern sie in der Kälte der langen Nächte.

»Man hält dafür, sagte Goethe, daß die Mauser eine Krankheit, oder wenigstens von körperlicher Schwäche begleitet sei.«

Das möchte ich nicht sagen, erwiderte ich. Es ist ein Zustand gesteigerter Produktivität, der in freier Luft herrlich von Statten geht, ohne die geringste Beschwerde, ja bei einigermaßen kräftigen Individuen auch vollkommen gut im Zimmer. Ich habe Grasmücken gehabt, die während der ganzen Mauser ihren Gesang nicht aussetzten, ein Zeichen, daß es ihnen durchaus wohl war. Zeigt sich aber ein Vogel im Zimmer während der Mauser kränklich, so ist daraus zu schließen, daß er mit dem Futter oder frischer Luft und Wasser nicht gehörig behandelt worden. Ist er im Zimmer im Laufe der Zeit, aus Mangel an Luft und Freiheit, so schwach geworden, daß ihm die produktive Kraft fehlt um in die Mauser zu kommen, so bringe man ihn an die fruchtbare frische Luft, und die Mauser wird sogleich auf das Beste von Statten gehen. Bei einem Vogel in freier Wildnis dagegen verläuft sie sich so sanft und so allmählig, daß er es kaum gewahr wird.

»Aber doch schienen Sie vorhin anzudeuten, versetzte Goethe, daß die Grasmücken sich während der Mauser in das Dickicht der Wälder ziehen.«

Sie bedürfen während dieser Zeit, erwiderte ich, allerdings einiges Schutzes. Zwar verfährt die Natur auch in diesem Falle mit solcher Weisheit und Mäßigung, daß ein Vogel während der Mauser nie mit einemmale so viele Federn verliert, daß er unfähig würde, so gut zu fliegen, als die Erreichung seines Futters es verlangt. Allein es kann doch kommen, daß er z. B., mit einemmale die vierte, fünfte und sechste Schwungfeder des rechten Flügels verliert, wobei er zwar immer noch ganz gut fliegen kann, allein nicht so gut, um dem verfolgenden Raubvogel, besonders aber dem sehr schnellen und gewand-

ten Baumfalken, zu entgehen, und da kommt ihm denn ein buschiges Dickicht sehr zu Statten.

»Das läßt sich hören, erwiderte Goethe. Schreitet aber die Mauser, fuhr er fort, an beiden Flügeln gleichmäßig und gewissermaßen symmetrisch vor?«

Soweit meine Beobachtungen reichen, allerdings, erwiderte ich. Und das ist sehr wohltätig. Denn verlöre ein Vogel z. B. drei Schwungfedern des linken Flügels und nicht zugleich dieselben Federn des rechten, so würde den Flügeln alles Gleichgewicht fehlen und der Vogel würde sich und seine Bewegung nicht mehr in gehöriger Gewalt haben. Er würde sein, wie ein Schiff, dem an der einen Seite die Segel zu schwer und an der andern zu leicht sind.

»Ich sehe, erwiderte Goethe, man mag in die Natur eindringen, von welcher Seite man wolle, man kommt immer auf einige Weisheit.«

Wir waren indes immerfort mühsam bergan gefahren und waren nun nach und nach oben, am Rande der Fichten. Wir kamen an einer Stelle vorbei, wo Steine gebrochen waren und ein Haufen lag. Goethe ließ halten und bat mich, abzusteigen und ein wenig nachzusehen ob ich nichts von Versteinerungen entdecke. Ich fand einige Muscheln, auch einige zerbrochene Ammonshörner, die ich ihm zureichte, indem ich mich wieder einsetzte. Wir fuhren weiter.

»Immer die alte Geschichte! sagte Goethe. Immer der alte Meeresboden! – Wenn man von dieser Höhe auf Weimar hinabblickt und auf die mancherlei Dörfer umher, so kommt es Einem vor wie ein Wunder, wenn man sich sagt, daß es eine Zeit gegeben, wo in dem weiten Tale dort unten die Wallfische ihr Spiel getrieben. Und doch ist es so, wenigstens höchst wahrscheinlich. Die Möwe aber, die damals über dem Meere flog, das diesen Berg bedeckte, hat sicher nicht daran gedacht,

daß wir Beide heute hier fahren würden. Und wer weiß, ob nach vielen Jahrtausenden die Möwe nicht abermals über diesem Berge fliegt.«

Wir waren jetzt oben auf der Höhe und fuhren rasch weiter. Rechts an unserer Seite hatten wir Eichen und Buchen und anderes Laubholz. Weimar war rückwärts nicht mehr zu sehen. Wir waren auf der westlichsten Höhe angelangt, das breite Tal der Unstrut, mit vielen Dörfern und kleinen Städten, lag in der heitersten Morgensonne vor uns.

»Hier ist gut sein! sagte Goethe, indem er halten ließ. Ich dächte, wir versuchten, wie in dieser guten Luft uns etwa ein kleines Frühstück behagen möchte!«

Wir stiegen aus und gingen auf trockenem Boden am Fuße halbwüchsiger, von vielen Stürmen verkrüppelter Eichen einige Minuten auf und ab, während Friedrich das mitgenommene Frühstück auspackte und auf einer Rasenerhöhung ausbreitete. Die Aussicht von dieser Stelle, in der klaren Morgenbeleuchtung der reinsten Herbstsonne, war in der Tat herrlich. Nach Süden und Südwesten hin übersah man die ganze Reihe des Thüringerwald-Gebirges; nach Westen, über Erfurt hinaus, das hochliegende Schloß Gotha und den Inselsberg; weiter nördlich sodann die Berge hinter Langensalza und Mühlhausen, bis sich die Aussicht, nach Norden zu, durch die blauen Harzgebirge abschloß. Ich dachte an die Verse:

> »Weit, hoch, herrlich der Blick
> Rings ins Leben hinein!
> Von Gebirg' zu Gebirg'
> Schwebet der ewige Geist,
> Ewigen Lebens ahndevoll.«

Wir setzten uns mit dem Rücken nach den Eichen zu, so daß wir während dem Frühstück die weite Aussicht über das halbe Thüringen immer vor uns hatten. Wir verzehrten indes ein Paar gebratene Rebhühner mit frischem Weißbrot und tranken dazu eine Flasche sehr guten Wein, und zwar aus einer biegsamen feinen goldenen Schale, die Goethe, in einem gelben Lederfutteral, bei solchen Ausflügen gewöhnlich bei sich führt.

»Ich war sehr oft an dieser Stelle, sagte er, und dachte in späteren Jahren sehr oft, es würde das letztemal sein, daß ich von hier aus die Reiche der Welt und ihre Herrlichkeiten überblickte. Allein es hält immer noch einmal zusammen und ich hoffe, daß es auch heute nicht das letztemal ist, daß wir Beide uns hier einen guten Tag machen. Wir wollen künftig öfter hieher kommen. Man verschrumpft in dem engen Hauswesen. Hier fühlt man sich groß und frei, wie die große Natur, die man vor Augen hat, und wie man eigentlich immer sein sollte.«

»Ich übersehe von hier aus, fuhr Goethe fort, eine Menge Punkte, an die sich die reichsten Erinnerungen eines langen Lebens knüpfen. Was habe ich nicht drüben in den Bergen von Ilmenau in meiner Jugend Alles durchgemacht! Dann dort unten im lieben Erfurt, wie manches gute Abenteuer erlebt! Auch in Gotha war ich in frühester Zeit oft und gerne; doch seit langen Jahren so gut wie gar nicht.«

Seit ich in Weimar bin, bemerkte ich, erinnere ich mich nicht, daß Sie dort waren.

»Das hat so seine Bewandtnis, erwiderte Goethe lachend. Ich bin dort nicht zum Besten angeschrieben. Ich will Ihnen davon eine Geschichte erzählen. Als die Mutter des jetzt regierenden Herrn noch in hübscher Jugend war, befand ich mich dort sehr oft. Ich saß eines Abends bei ihr alleine am Teetisch,

als die beiden zehn- bis zwölfjährigen Prinzen, zwei hübsche blondlockige Knaben, hereinsprangen und zu uns an den Tisch kamen. Übermütig, wie ich sein konnte, fuhr ich den beiden Prinzen mit meinen Händen in die Haare, mit den Worten: *Nun, Ihr Semmelköpfe, was macht Ihr?* – Die Buben sahen mich mit großen Augen an, im höchsten Erstaunen über meine Kühnheit, – und haben es mir später nie vergessen!«

»Ich will nun just eben nicht damit prahlen; aber es war so und lag tief in meiner Natur. Ich hatte vor der bloßen Fürstlichkeit, als solcher, wenn nicht zugleich eine tüchtige Menschennatur und ein tüchtiger Menschenwert dahinter steckte, nie viel Respekt. – Ja es war mir selber so wohl in meiner Haut und ich fühlte mich selber so vornehm, daß, wenn man mich zum Fürsten gemacht hätte, ich es nicht eben sonderlich merkwürdig gefunden haben würde. Als man mir das Adelsdiplom gab, glaubten Viele, wie ich mich dadurch möchte erhoben fühlen. Allein, unter uns, es war mir nichts, gar nichts! Wir Frankfurter Patrizier hielten uns immer dem Adel gleich, und als ich das Diplom in Händen hielt, hatte ich in meinen Gedanken eben nichts weiter, als was ich längst besessen.«

Wir taten noch einen guten Trunk aus der goldenen Schale und fuhren dann um die nördliche Seite des Ettersberges herum, nach dem Jagdschlosse Ettersburg. Goethe ließ sämtliche Zimmer aufschließen, die mit heiteren Tapeten und Bildern behängt waren. In dem westlichen Eckzimmer des ersten Stokkes sagte er mir, daß Schiller dort einige Zeit gewohnt. »Wir haben überhaupt, fuhr er fort, in frühester Zeit hier manchen guten Tag gehabt und manchen guten Tag vertan. Wir waren Alle jung und voll Übermut und es fehlte uns im Sommer nicht an allerlei improvisiertem Komödienspiel und im Winter nicht an allerlei Tanz und Schlittenfahrten mit Fackeln.«

Wir gingen wieder ins Freie und Goethe führte mich in westlicher Richtung einen Fußweg ins Holz.

»Ich will Ihnen doch auch die Buche zeigen, sagte er, worin wir vor funfzig Jahren unsere Namen geschnitten. – Aber wie hat sich das verändert und wie ist das Alles herangewachsen! – Das wäre denn der Baum! – Sie sehen, er ist noch in der vollsten Pracht! – Auch unsere Namen sind noch zu spüren; doch so verquollen und verwachsen, daß sie kaum noch herauszubringen. Damals stand diese Buche auf einem freien trockenen Platz. Es war durchaus sonnig und anmutig umher und wir spielten hier an schönen Sommertagen unsere improvisierten Possen. Jetzt ist es hier feucht und unfreundlich. Was sonst nur niederes Gebüsch war, ist indes zu schattigen Bäumen herangewachsen, so daß man die prächtige Buche unserer Jugend kaum noch aus dem Dickicht herausfindet.«

Wir gingen wieder nach dem Schlosse, und nachdem wir noch die ziemlich reiche Waffensammlung besehen, fuhren wir nach Weimar zurück.

FA II.12, S. 620-628

Herbst in der Schweiz und in Italien

Rheinzabern, 25. September 1779
An Charlotte von Stein

Selz Mittags. Ein ungemein schöner Tag eine glückliche Gegend, noch alles grün, kaum hie und da ein Buchen und Eichenblat gelb. Die Weiden noch in ihrer silbernen schönheit. ein milder willkommner Athem durchs ganze Land. Trauben mit iedem Schritt und Tage besser. Jedes Bauerhaus mit Reben bis unters Dach, ieder Hof mit einer grosen vollhangenden Laube. Himmelsluft weich, warm, feuchtlich, man wird auch wie die Trauben reif und süs in der seele. Wollte Gott wir wohnten hier zusammen, mancher würde nicht so schnell im Winter einfrieren und im Sommer austrocknen. Der Rhein und die klaren Gebürge in der Nähe, die abwechselnden Wälder Wiesen und Gartenmäsigen Felder, machen dem Menschen wohl und geben mir eine Art Behagens das ich lange entbehre.

FA II.2, S. 192

Aus »Briefe aus der Schweiz«
27. Oktober 1779

Wir kamen bald auf die neue Straße, die aus dem Pays de Vaud nach Paris führt, wir folgten ihr eine Weile abwärts, und waren nunmehr von unserm Tale geschieden; der kahle Gipfel der Dole lag vor uns, wir stiegen ab, unsre Pferde zogen auf der Straße voraus nach St. Sergues, und wir stiegen die Dole hinan. Es war gegen Mittag, die Sonne schien heiß, aber es wechselte ein kühler Mittagswind. Wenn wir, auszuruhen, uns um-

sahen, hatten wir les sept Moncels hinter uns, wir sahen noch einen Teil des Lac des Rousses und um ihn die zerstreuten Häuser des Kirchspiels, der noir Mont deckte uns das übrige ganze Tal, höher sahen wir wieder ungefähr die gestrige Aussicht in die Franche-Comté, und näher bei uns, gegen Mittag, die letzten Berge und Täler des Jura. Sorgfältig hüteten wir uns, nicht durch einen Bug der Hügel uns nach der Gegend umzusehen, um derentwillen wir eigentlich herauf stiegen. Ich war in einiger Sorge wegen des Nebels, doch zog ich aus der Gestalt des obern Himmels einige gute Vorbedeutungen. Wir betraten endlich den obern Gipfel und sahen mit größtem Vergnügen uns heute gegönnt, was uns gestern versagt war. Das ganze Pays de Vaud und de Gex lag wie eine Flurkarte unter uns, alle Besitzungen mit grünen Zäunen abgeschnitten, wie die Beete eines Parterres. Wir waren so hoch, daß die Höhen und Vertiefungen des vordern Landes gar nicht erschienen. Dörfer, Städtchen, Landhäuser, Weinberge, und höher herauf, wo Wald und Alpen angehen, Sennhütten, meistens weiß und hell angestrichen, leuchteten gegen die Sonne. Vom Lemaner-See hatte sich der Nebel schon zurücke gezogen, wir sahen den nächsten Teil an der diesseitigen Küste deutlich; den sogenannten kleinen See, wo sich der große verenget und gegen Genf zugeht, dem wir gegenüber waren, überblickten wir ganz, und gegenüber klärte sich das Land auf, das ihn einschließt. Vor allem aber behauptete der Anblick über die Eis- und Schneeberge seine Rechte. Wir setzten uns vor der kühlen Luft in Schutz hinter Felsen, ließen uns von der Sonne bescheinen, das Essen und Trinken schmeckte trefflich. Wir sahen dem Nebel zu, der sich nach und nach verzog, jeder entdeckte etwas, oder glaubte etwas zu entdecken. Wir sahen nach und nach Lausanne mit allen Gartenhäusern umher, Vevay und das Schloß von Chillon ganz deutlich, das Ge-

birg das uns den Eingang von Wallis verdeckte, bis in den See, von da, an der Savoyer Küste, Evian, Ripaille, Tonon, Dörfchen und Häuschen zwischen inne; Genf kam endlich rechts auch aus dem Nebel, aber weiter gegen Mittag, gegen den Mont-crédo und Mont-vauche, wo das Fort l'Ecluse inne liegt, zog er sich gar nicht weg. Wendeten wir uns wieder links, so lag das ganze Land von Lausanne bis Solothurn in leichtem Duft. Die näheren Berge und Höhen, auch alles, was weiße Häuser hatte, konnten wir erkennen; man zeigte uns das Schloß Chanvan blinken, das vom Neuburgersee links liegt, woraus wir seine Lage mutmaßen, ihn aber in dem blauen Duft nicht erkennen konnten. Es sind keine Worte für die Größe und Schöne dieses Anblicks, man ist sich im Augenblick selbst kaum bewußt, daß man sieht, man ruft sich nur gern die Namen und alten Gestalten der bekannten Städte und Orte zurück, und freut sich in einer taumelnden Erkenntnis, daß das eben die weißen Punkte sind, die man vor sich hat.

Und immer wieder zog die Reihe der glänzenden Eisgebirge das Aug' und die Seele an sich. Die Sonne wendete sich mehr gegen Abend und erleuchtete ihre größern Flächen gegen uns zu. Schon was vom Schnee auf für schwarze Felsrükken, Zähne, Türme und Mauern in vielfachen Reihen vor ihnen aufsteigen! wilde, ungeheure, undurchdringliche Vorhöfe bilden! wenn sie dann erst selbst in der Reinheit und Klarheit in der freien Luft mannigfaltig da liegen; man gibt da gern jede Prätension an's Unendliche auf, da man nicht einmal mit dem Endlichen im Anschauen und Gedanken fertig werden kann.

Vor uns sahen wir ein fruchtbares bewohntes Land, der Boden worauf wir stunden, ein hohes, kahles Gebirge, trägt noch Gras, Futter für Tiere, von denen der Mensch Nutzen zieht. Das kann sich der einbildische Herr der Welt noch zu-

eignen; aber jene sind wie eine heilige Reihe von Jungfrauen, die der Geist des Himmels in unzugänglichen Gegenden, vor unsern Augen, für sich allein in ewiger Reinheit aufbewahrt. Wir blieben und reizten einander wechselsweise, Städte, Berge und Gegenden, bald mit bloßem Auge, bald mit dem Teleskop, zu entdecken, und gingen nicht eher abwärts, als bis die Sonne im Weichen, den Nebel seinen Abendhauch über den See breiten ließ. Wir kamen mit Sonnen-Untergang auf die Ruinen des Fort de St. Sergues. Auch näher am Tal, waren unsre Augen nur auf die Eisgebirge gegenüber gerichtet. Die letzten, links im Oberland, schienen in einen leichten Feuerdampf aufzuschmelzen; die nächsten standen noch mit wohl bestimmten roten Seiten gegen uns, nach und nach wurden jene weiß, grün, graulich. Es sah fast ängstlich aus. Wie ein gewaltiger Körper von außen gegen das Herz zu abstirbt, so erblaßten alle langsam gegen den Montblanc zu, dessen weiter Busen noch immer rot herüber glänzte und auch zuletzt uns noch einen rötlichen Schein zu behalten schien, wie man den Tod des Geliebten nicht gleich bekennen, und den Augenblick wo der Puls zu schlagen aufhört, nicht abschneiden will. Auch nun gingen wir ungern weg. Die Pferde fanden wir in St. Sergues, und daß nichts fehle, stieg der Mond auf und leuchtete uns nach Nyon, indes unterweges unsere gespannten Sinnen sich wieder lieblich entfalteten, wieder freundlich wurden, um mit frischer Lust, aus den Fenstern des Wirtshauses, den breitschwimmenden Wiederglanz des Mondes im ganz reinen See genießen zu können.

FA I.16, S. 40-43

Chamouni, 6. November 1779
An Charlotte von Stein

Zufrieden mit dem, was uns die Jahrszeit hier zu sehen erlaubte, sind wir reisefertig noch heute in's Wallis durchzudringen. Das ganze Thal ist über und über biss an die Helfte der Berge mit Nebel bedekt, wir müssen erwarten, was Sonne und Wind zu unserm Vortheil thun werden. Unser Führer schlägt uns einen Weeg über den col de balme vor. Ein hoher Berg, der an der nördlichen Seite des Thals gegen Wallis zu liegt und auf dem wir, wenn wir glüklich sind, das Thal Chamouni, mit seinen meisten Merkwürdigkeiten, noch auf einmal von seiner Höhe übersehen können. Indem ich dieses schreibe, geschieht an dem Himmel eine herrliche Erscheinung: Die Nebel, die sich bewegen und die sich an einigen Orten brechen, lassen, wie durch Tagelöcher den blauen Himmel sehen und die Gipfel der Berge, die oben, über unsrer Dunstdeke, von der Morgensonne beschienen werden. Auch ohne die Hofnung eines schönen Tags, ist dieser Anblik dem Aug' eine rechte Weide. Erst iezo hat man einiges Maas für die Höhe der Berge. Erst in einer ziemlichen Höhe vom Thal auf, streichen die Nebel an dem Berg hin, hohe Wolken steigen von da auf und alsdenn sieht man noch über ihnen die Gipfel der Berge in der Verklärung schimmern. Es wird Zeit! Ich nehme zugleich von diesem geliebten Thal und von Ihnen Abschied.

WA IV.4, S. 133f.

Aus »Briefe aus der Schweiz«
9. November 1779

Wie wir zurückgingen sahen wir dem Gebräude der Wolken zu, das in der jetzigen Jahrszeit in diesen Gegenden äußerst interessant ist. Über das schöne Wetter haben wir bisher ganz vergessen, daß wir im November leben; es ist auch, wie man uns im Bernschen voraussagte, hier der Herbst sehr gefällig. Die frühen Abende und Schnee verkündende Wolken erinnern uns aber doch manchmal, daß wir tief in der Jahrszeit sind. Das wunderbare Wehen, das sie heute Abend verführten, war außerordentlich schön.

FA I.16, S. 64

Aus »Briefe aus der Schweiz«
9. November 1779

Auf die Nebel, die bei uns eben diese Wirkungen hervor bringen, gibt man weniger Acht, auch weil sie uns weniger vor's Auge gedrängt sind, ist ihre Wirtschaft schwerer zu beobachten. Bei allen diesen Gegenständen wünscht man nur länger sich verweilen und an solchen Orten mehrere Tage zubringen zu können; ja, ist man ein Liebhaber von dergleichen Betrachtungen, so wird der Wunsch immer lebhafter, wenn man bedenkt, daß jede Jahrszeit, Tagszeit und Witterung neue Erscheinungen, die man gar nicht erwartet, hervorbringen muß. Und wie in jedem Menschen, auch selbst dem gemeinen, sonderbare Spuren übrig bleiben, wenn er bei großen ungewöhnlichen Handlungen etwa einmal gegenwärtig gewesen ist; wie

er sich von diesem einen Flecke gleichsam größer fühlt, unermüdlich eben dasselbe erzählend wiederholt und so, auf jene Weise, einen Schatz für sein ganzes Leben gewonnen hat: so ist es auch dem Menschen, der solche große Gegenstände der Natur gesehen und mit ihnen vertraut geworden ist. Er hat, wenn er diese Eindrücke zu bewahren, sie mit andern Empfindungen und Gedanken, die in ihm entstehen, zu verbinden weiß, gewiß einen Vorrat von Gewürz, womit er den unschmackhaften Teil des Lebens verbessern und seinem ganzen Wesen einen durchziehenden guten Geschmack geben kann.

FA I.16, S. 65

Aus »Jery und Bätely«

Endlich! endlich darf ich hoffen!
Ja, mir steht der Himmel offen!
Auf einmal
Streift in's tiefe Nebeltal
Ein erwünschter Sonnenstrahl.
Teilt euch, Wolken, immer weiter!
Himmel, werde völlig heiter!
Ende, Liebe, meine Qual!

FA I.1, S. 379

Aus »Tagebuch der Italienischen Reise«
Regensburg, 4. September 1786

Das Obst ist nicht sonderlich, doch leb ich der Hoffnung es wird nun kommen und werden. Auch habe ich einem alten Weibe, das mir am Wasser begegnete, für einen Kr⟨eutzer⟩ Birn abgekauft und habe solche wie ein andrer Schüler publice verzehrt. Nun gebe Gott bald Trauben und Feigen.

FA I.15,1, S. 606

Aus »Italienische Reise«
München, 6. September 1786

Es begegnete mir eine Frau mit Feigen, welche als die ersten vortrefflich schmeckten. Aber das Obst überhaupt ist doch für den acht und vierzigsten Grad nicht besonders gut. Man klagt hier durchaus über Kälte und Nässe. Ein Nebel, der für einen Regen gelten konnte, empfing mich heute früh vor München. Den ganzen Tag blies der Wind sehr kalt vom Tyroler Gebirg. Als ich vom Turm dahin sah, fand ich es bedeckt, und den ganzen Himmel überzogen. Nun scheint die Sonne im Untergehen noch an den alten Turm der mir vor dem Fenster steht. Verzeihung, daß ich so sehr auf Wind und Wetter Acht habe: Der Reisende zu Lande, fast so sehr als der Schiffer, hängt von beiden ab, und es wäre ein Jammer, wenn mein Herbst in fremden Landen so wenig begünstigt sein sollte, als der Sommer zu Hause.

FA I.15,1, S. 15

Aus »Tagebuch der Italienischen Reise«
Brenner, 8. September 1786

Auf dem Brenner angelangt, gleichsam hierher gezwungen, wie ich mir nur ein Ruheort gewünscht habe. Mein erstes ist dir das Gute des vergangnen Tages mitzutheilen. Es war ein Tag an dem man Jahrelang in der Erinnerung genießen kann.

Von Mittelwald um sechs Uhr, klarer Himmel es blies ein sehr scharfer Wind und war eine Kälte wie sie nur dem Februar erlaubt ist. Die duncklen mit Fichten bewachsnen Vorgründe, die grauen Kalckfelsen, die höchsten weisen Gipfel auf dem schönen Himmelsblau, machten köstliche, ewig abwechselnde Bilder.

FA I.15,1, S. 612

Aus »Tagebuch der Italienischen Reise«
Brenner, 9. September 1786

Note a.
Gedancken über die Witterung.

Sobald ich die Schäfgen der Oberen Lufft sah schon im Carlsbad d. 2 Sept. hatte ich gute Hoffnung, ich schloß daraus: daß die Atmosphäre ihre Elasticität wieder gewinne und im Begriff sey das schöne Wetter wieder herzustellen. Allein ich dachte nicht an das was ich nachher bemerckt zu haben glaube. Nämlich: *daß eine Elastischere Athmosphäre die Wolcken aufzehrt, ihnen den Zusammenhang unter sich benimmt,* so

daß also die Dünste die vorher Massenweis zusammen gedrängt waren, als Wolcken umherzogen, nur in einer gewissen Höhe über der Erde schwebten, als Regen herab fielen, als Nebel wieder aufstiegen, nunmehr in den ganzen Raum gleichförmig ausgetheilt sind. Da ieder Dunst und Wassertropfen durch Mittheilung der Athmosphärischen Elasticität unendlich elastisch werden, ia ins unendlich kleine getheilt werden kann; so kann auch die Wasser Masse sich in eine weit grösere Höhe austheilen und vor unsern Augen so verschwinden daß sie zuletzt auch nicht den geringsten Dunst bemerckbar laßt. Vielleicht ist das was ich sage was bekanntes, ich setze nur meine Bemerckungen hin, und folgere aus meiner Hypothese.

Wenn eine ungeheure Menge condensirte Dünste aufzulösen sind, wie es diesmal war; so geht es langsam zu, und die obere Lufft, da sie zuerst ihre Elasticität wieder erlangt, fängt zuerst an Schäfgen |:leicht wie gekämmte Wolle aneinander gereihte Wölckgen:| zu bilden. An den hohen Gebürgen, die durch die Anziehung die Wolcken halten, fangen diese an, in Grosen, Bergähnlichen über einander gethürmten weißen Massen, festzustehn, indess die Wolcken der untern Athmosphäre als graue Streifen, und in langgedehnten schweeren Formen unter ihnen hinziehen. Vermehrt sich nun immer die Elasticität der Luft so zehrt sie von oben herein die um die Berge feststehende Wolcken auf und der Wind der vom Berge kommt der vor wenigen Tagen Regen brachte bringt nun gutes Wetter.

Ich sah das Aufzehren einer solchen Wolcke ganz deutlich sie hing am Berge fest, löste sich mit der grösten Langsamkeit auf, kaum daß einige Flocken sichtbar sich ablösten und in die Höhe stiegen die aber auch gleich verschwanden. Und so verschwand sie nach und nach und hinter dem Berge bemerckt

ich in der Lufft ganz leichte weiße Streiffgen, die mir zuletzt auch aus dem Gesicht kamen.

Ist nun das Wasser so in der ganzen Athmosphäre vertheilt, und noch einigermassen nah an einander so sieht mans an der Luft-Perspecktiv und am Auseinandergehn der Landschaffts-gründe ganz deutlich. Das muß nun als Thau, oder Reif herunter, oder muß sich weiter ausdehnen und verbreiten. Diesmal machte das Wetter um die Tyroler Berge ein gewaltsames Ende mit Donnern, Blitzen und Schneyen; dann hellte sichs aus.

Eben so sah ich den 9ten als die Sonne den Schnee auf den Gipfeln zu schmelzen anfing leichte Schaumstreifen in die Höhe steigen und sich bey einem kalten Mittag Winde weit über den Himmel gegen Norden verbreiten. So ging es immer fort es zog immer mehr weißer Duft von Mittag herauf der ganze Himmel ward bedeckt, und die Sonne endlich verdunckelt, die Dünste verwandelten sich in Wolcken, die noch in ziemlicher Höhe schwebten und die Bewohner jammerten, daß schon wieder Regen folge.

Nach meiner Theorie fahre ich fort zu erklären. Die Athmosphäre war nun in dieser Gegend fast mit Dünsten gesättigt, sie konnte sie also nicht mehr rein aufzehren, sie mußte also leiden daß die Dünste wieder ein zusammenhangender Dunst und endlich noch verwandter unter sich und Wolcken wurden. Kann nun diese Nacht durch da die Kühlung die Elasticität des Wassers vermindert und die Elasticität der Luft vermehrt, letztere über ersteres Herr werden, so müssen die Wolcken wieder von den Bergen angezogen werden und auch als Wasser niederfallen.

Noch eine Bemerckung. Die Athmosphäre und die Berge ziehen wechselsweise die Dünste an, unter welchen Bestimmungen dies geschieht wird sich erklären lassen. Jetzt nur so-

viel: Wenn sich die Elasticität der Luft vermehrt, vermehrt sich ihre Anziehungskrafft und die Wolcken verlassen die Berge und werden, wie mehrmals gesagt, von der Luft gehoben und verzehrt, umgekehrt ist die Würckung umgekehrt. Es ist wie mit einem Luft ballon der sich auch wieder hebt wenn die Luft elastischer wird.

Ich habe das Wort Elasticität, statt des in dieser Materie auch gewöhnlichen Wortes Schwere gebraucht, und es ist auch besser. Uberhaupt aber sind meine Kunstwörter nicht die besten, komme ich zurück; so wollen wir meine Bemerckungen und Erfahrungen mit den Grundsätzen der Phisikker ihren Theorien und Erfahrungen zusammen halten. Ich bin leider nicht gelehrt wie du weißt.

Note b.
Uber Polhöhe, Clima pp.

Ich habe den ganzen Weg mit mir selbst über Polhöhe, Clima und was daran hängt gescherzt, nun darüber auch ein Paar Worte.

Die Polhöhe machts nicht aus, sondern die Bergrücken die von Morgen nach Abend die Länder durchschneiden; diese machen sogleich grose Veränderungen und die Länder die alsdann nordwärts liegen haben davon zu leiden. Die Wittrung dieses Jahr für den ganzen Norden scheint durch die grose Alpenkette auf der ich dieses schreibe, bestimmt worden zu seyn. Hier haben sie den ganzen Sommer Regen gehabt und Südwest und Südost haben von hier den Regen in den ganzen Norden verbreitet. In Italien sollen sie schön Wetter fast zu trocken gehabt haben.

Note c.
Uber Pflanzen, Früchte pp

Was ich bisher an Früchten angetroffen habe will nichts sagen. Aepfel und Birn hängen schon vor Inspruck im Innthal, Pfirschen Trauben bringen sie aus Wälschland oder eigentlich dem mittägigen Tyrol. Um Inspr. bauen sie Türckisch Korn sehr viel es war eben im ansetzen.

Auch noch ein Gewächs das sie Blende |:Haidekorn an andern Orten:| nennen, das ein Braünlich Korn trägt, woraus Mehl gemacht und als Muß oder Knötel gegessen wird.

Hinter Inspr. sah ich die ersten Lerchenbäume die hieroben häufig wachsen, und bey Schemberg den ersten Zirbel. Die Pflanzen betr⟨effend⟩ fühl ich noch sehr meine Schülerschafft.

Bis München sah ich nur die gewöhnlichen. Das Hieracium, die blaue Blume die sie bey uns wilden Sellery nennen, die Schaafgarbe, Disteln, was ich von Carlsb. beständig sah. Vor München an einem Wassergraben die Federnelcke, eine art niedriger Sonnenblume. Hinter Benedicktb. das Gebürg herauf und am Walchsee andre die ich eingelegt habe und die erste Gentiana immer war es das Wasser in dessen Nähe ich die neuen Pflanzen zuerst fand.

Uberhaupt über den Einfl⟨uß⟩ der Barometrischen Höhe auf die Pflanzen will ich eine Meynung hersetzen die geprüft werden muß.

Die mehr elastische Lufft würckt auf die Organe der Pflanze und giebt ihr auch alle mögliche Ausdehnung und macht ihre Existenz vollkommner. Ist Feuchtigkeit genug da die in das ausgedehnte Organ eindringen kann; so nährt sich die Pflanze gut und kann sich aufs beste entwickeln, stärcker wachsen und sich reichlicher fortpflanzen. Dieser Gedancke

ist mir bey einer Weide und Gentiane eingekommen da ich
sah daß sie sehr zart waren und von Knoten zu Knoten viel
Zwischenraum hatten.

FA I.15,1, S. 615-618

Aus »Tagebuch der Italienischen Reise«
Trento, 11. September 1786

Mit Tags Anbruch erblickt ich die ersten Rebhügel, eine Frau
mit Birn und Pfirschen begegnete mir so gings auf Deutschen,
wo ich um 7 Uhr ankam und endlich erblickt ich bey hohem
Sonnenschein, nachdem ich eine Weile Nordwärts gefahren
war, das Thal worinn Botzen liegt.

Von steilen bis auf eine ziemliche Höhe bebauten Bergen
umgeben, ist es gegen Mittag offen, gegen Norden von den Tyroler Bergen bedeckt, eine milde sanfte Luft füllte die Gegend,
der Etsch Fl. wendet sich hier gegen Mittag wieder. Die Hügel
am Fuß der Berge sind mit Wein bebaut. Uber lange niedrige
Lauben sind die Stöcke gezogen und die blauen Trauben hängen gar zierlich und reich von der Decke herunter. Auch in
der Fläche des Thals, wo sonst nordwärts Wiesen sind, wird
der Wein in solchen eng aneinander stehenden Reihen von
Lauben gebaut, dazwischen das Türckische Korn, Ital. Fro-
mentass oder weiter hin Fromentone genannt, das nun immer höher wächst. Ich habe es offt zu 9-10 Fus hoch gesehn.
Die zaseliche männliche Blüte ist noch nicht abgeschnitten,
wie es geschieht wenn die Befruchtung eine Zeitlang vorbey
ist.

FA I.15,1, S. 625

Aus »Tagebuch der Italienischen Reise«
Trento, 11. September 1786

Und nun wenn es Abend wird und bey der milden Luft wenige Wolcken an den Bergen ruhn, am Himmel mehr stehn als ziehn, und gleich nach SonnenUntergang das Geschrille der Heuschrecken laut zu werden anfängt! Es ist mir als wenn ich hier gebohren und erzogen wäre und nun von einer Grönlandsfahrt von einem Wallfischfang zurückkäme. Alles ist mir willkommen auch der Vaterländische Staub der manchmal starck auf den Strasen wird und von dem ich nun solang nichts gesehen habe.

Das Glocken oder vielmehr Schellengeläute der Heuschrekken ist allerliebst durchdringend und nicht unangenehm.

FA I.15,1, S. 627

Aus »Tagebuch der Italienischen Reise«
Verona, 14. September 1786

Witterung

Diesen Punckt behandle ich so ausführlich weil ich eben glaube in der Gegend zu seyn, von der unser trauriges nördliches Schicksal abhängt. Wie ich schon im vorigen Stück gesagt habe. Ja es giebt mich nun nicht so sehr wunder, daß wir so schlimme Sommer haben, vielmehr weis ich nicht wie wir gute haben können.

Die Nacht vom 9. auf den 10ten war abwechselnd helle und bedeckt, der Mond behielt immer einen Schein um sich. Morgens gegen 5 Uhr der ganze Himmel bedeckt mit grauen nicht schwer hängenden Wolcken.

Die obere Luft war noch immer elastisch genug. wie der Tag wuchs, theilten sich die Wolcken, nach meiner Theorie: sie wurden aufgezehrt und ie tiefer ich hinab kam desto schöner war das Wetter.

Wie nun gar in Botzen der grose Stock der Gebirge mitternächtlich blieb, ward die Luft immer reiner. Zwar muß ich das genauer ausdrücken.

Die Luft wie man an den verschiednen Landschafftsgründen sah war voller Dünste, aber die Athmosphäre elastisch genug sie zu tragen.

Wie ich weiter hinab kam konnt ich deutlich sehn daß alle Dünste aus dem Botzner Thal und alle Wolcken, die von den Bergen die noch mittägiger liegen, aufstiegen nach dem Gebirge zu zögen und es nicht verdeckten aber in eine Art von Höherauch einhüllten. Ja ich habe in der weitsten Ferne über dem Gebirge eine Wasser galle |:den einen, undeutlichen Fus eines Regenbogens:| gesehen.

Aus allem diesem schliese ich ihr werdet ietzt gemischte doch mehr gut als böse Tage haben, denn obgleich die Athmosphäre wie ich offt wiederhole elastisch genug zu seyn scheint; so muß doch immer soviel von den Dünsten nach Norden kommen, was dort nicht gleich aufgelöst und in einer niedrern Athmosphäre schwebend als Regen herunter fallen muß. Von Botzen südwärts haben sie den ganzen Sommer das schönste Wetter gehabt. Von Zeit zu Zeit ein wenig Wasser |: Aqua:||:statt gelindem Regen:| und dann wieder Sonnenschein, selbst gestern fielen von Zeit zu Zeit einige Tropfen, und die Sonne schien immer dazu. Eben sagt mir die Wirthstochter: sie hätten lange kein so gutes Jahr gehabt, es gerathe alles. Und ich glaube eben weil wir so ein übles gehabt haben.

FA I.15,1, S. 634f.

Aus »Italienische Reise«
Verona, 17. September 1786

In einem Lande wo man des Tages genießt, besonders aber
des Abends sich erfreut, ist es höchst bedeutend wenn die
Nacht einbricht. Dann hört die Arbeit auf, dann kehrt der
Spaziergänger zurück, der Vater will seine Tochter wieder zu
Hause sehen, der Tag hat ein Ende; doch was Tag sei wissen wir Cimmerier kaum. In ewigem Nebel und Trübe ist
es uns einerlei ob es Tag oder Nacht ist, denn wie viel Zeit können wir uns unter freiem Himmel wahrhaft ergehen und er-
götzen? Wie hier die Nacht eintritt, ist der Tag entschieden
vorbei, der aus Abend und Morgen bestand, vier und zwan-
zig Stunden sind verlebt, eine neue Rechnung geht an, die
Glocken läuten, der Rosenkranz wird gebetet, mit brennen-
der Lampe tritt die Magd in das Zimmer und spricht: felicis-
sima notte! Diese Epoche verändert sich mit jeder Jahreszeit,
und der Mensch der hier lebendig lebt kann nicht irre werden,
weil jeder Genuß seines Daseins sich nicht auf die Stunde,
sondern auf die Tageszeit bezieht. Zwänge man dem Volke
einen deutschen Zeiger auf, so würde man es verwirrt machen, denn der seinige ist innigst mit seiner Natur verwebt.
Anderthalb Stunden, Eine Stunde vor Nacht fängt der Adel
an auszufahren, es geht auf den Bra, die lange breite Straße
nach der Porta Nuova zu, das Tor hinaus, an der Stadt hin,
und wie es Nacht schlägt kehrt alles um. Teils fahren sie an
die Kirchen das Ave Maria della sera zu beten, teils halten
sie auf dem Bra, die Cavaliers treten an die Kutschen, unterhalten sich mit den Damen, und das dauert eine Weile; ich
habe das Ende niemals abgewartet, die Fußgänger bleiben
weit in die Nacht. Heute war gerade so viel Regen niederge-

gangen um den Staub zu löschen, es war wirklich ein lebendiger munterer Anblick.

FA I.15,1, S. 51f.

Aus »Tagebuch der Italienischen Reise«
Verona, 17. September 1786

Witterung.

Es donnerte blitzte und regnete völlige zwölf Stunden dann war es wieder schön heiter. Überhaupt beklagen sie sich hier auch über einen übeln Sommer. Sie mögen ihn nicht so rein gehabt haben als andre Jahre aber ich mercke auch, sie sind höchst unleidsam. Weil sie des guten gewohnt sind alles in Schuen und Strümpfen und leichten Kleidern herumläuft; so fluchen und schelten sie auch gleich über ein wenig Wind und Regen, über den wir uns erfreuen würden wenn er so sparsam käme.

Ich habe bemerckt daß sich nach dem Regen bald die Wolcken gegen das Tyroler Gebirg warfen und dort hängen blieben auch ward es nicht ganz wieder rein. Das zieht nun alles Nordwärts, und wird euch trübe und kalte Tage machen.

Hierher kommen wahrscheinlich die Wolcken und Regen aus dem Po thal, oder noch ferner vom Meere und so gehts weiter wie ich weitläufig im vorhergehenden gemeldet.

FA I.15,1, S. 654f.

Aus »Italienische Reise«
Cento, 17. Oktober 1786

In einer bessern Stimmung als gestern, schreibe ich aus Guereins Vaterstadt. Es ist aber auch ein ganz anderer Zustand. Ein freundliches, wohlgebautes Städtchen, von ohngefähr fünf tausend Einwohnern, nahrhaft, lebendig, reinlich, in einer unübersehlich bebauten Plaine. Ich bestieg nach meiner Gewohnheit sogleich den Turm. Ein Meer von Pappelspitzen, zwischen denen man, in der Nähe, kleine Bauerhöfchen erblickt, jedes mit seinem eignen Feld umgeben. Köstlicher Boden, ein mildes Klima. Es war ein Herbstabend, wie wir unserm Sommer selten einen verdanken. Der Himmel, den ganzen Tag bedeckt, heiterte sich auf, die Wolken warfen sich nord- und südwärts an die Gebirge, und ich hoffe einen schönen morgenden Tag.

Hier sah ich die Apenninen, denen ich mich nähere, zum erstenmal. Der Winter dauert hier nur Dezember und Januar, ein regnigter April, übrigens nach Beschaffenheit der Jahreszeit gut Wetter. Nie anhaltenden Regen; doch war dieser September besser und wärmer als ihr August.

FA I.15,1, S. 108

Aus »Italienische Reise«
Frascati, 15. November 1786

Wir haben ein Paar schöne, regenfreie Tage hier gehabt, warm und freundlichen Sonnenschein, daß man den Sommer nicht vermißt. Die Gegend ist sehr angenehm, der Ort liegt auf

einem Hügel, vielmehr an einem Berge, und jeder Schritt bietet dem Zeichner die herrlichsten Gegenstände. Die Aussicht ist unbegrenzt, man sieht Rom liegen und weiter die See, an der rechten Seite die Gebirge von Tivoli und so fort. In dieser lustigen Gegend sind Landhäuser recht zur Lust angelegt, und wie die alten Römer schon hier ihre Villen hatten, so haben vor hundert Jahren und mehr, reiche und übermütige Römer ihre Landhäuser auch auf die schönsten Flecke gepflanzt. Zwei Tage gehn wir schon hier herum und es ist immer etwas Neues und Reizendes.

FA I.15,1, S. 145

Aus »Italienische Reise«
Rom, 2. Dezember 1786

Von da schlichen wir, fast bei zu warmem Sonnenschein, auf die Villa Pamfili, wo sehr schöne Gartenpartien sind, und blieben bis an den Abend. Eine große mit immergrünen Eichen und hohen Pinien eingefaßte, flache Wiese, war ganz mit Maßlieben übersät, die ihre Köpfchen alle nach der Sonne wendeten, nun gingen meine botanischen Spekulationen an, denen ich den andern Tag auf einem Spaziergange nach dem Monte Mario, der Villa Melini und Villa Madama weiter nachhing. Es ist gar interessant zu bemerken, wie eine lebhaft fortgesetzte und durch starke Kälte nicht unterbrochene Vegetation wirkt, hier gibt's keine Knospen, und man lernt erst begreifen was eine Knospe sei. Der Erdbeerbaum (arbutus unedo) blüht jetzt wieder, indem seine letzten Früchte reif werden, und so zeigt sich der Orangenbaum mit Blüten, halb und ganz reifen

Früchten (doch werden letztere Bäume, wenn sie nicht zwischen Gebäuden stehen, nun bedeckt). Über die Zypresse, den respektabelsten Baum, wenn er recht alt und wohl gewachsen ist, gibt's genug zu denken.

FA I.15,1, S. 156

Rom, 23. Oktober 1787
An Christian Gottlob Voigt

Wir haben hier außerordentlich schöne Tage zwey oder drey, dann wieder einige trüb, dann windig, dann stellt sich das schöne Wetter wieder ein. Wahrscheinlich befestigt sich die Jahrszeit daß wir eines frohen Novembers genießen können.

WA IV.8, S. 275

Aus »Italienische Reise«
Rom, 24. November 1787

Du fragst in deinem letzten Briefe wegen der Farbe der Landschaft dieser Gegenden. Darauf kann ich dir sagen: daß sie bei heitern Tagen, besonders des Herbstes so *farbig* ist, daß sie in jeder Nachbildung *bunt* scheinen muß. Ich hoffe dir in einiger Zeit einige Zeichnungen zu schicken, die ein Deutscher macht, der jetzt in Neapel ist; die Wasserfarben bleiben so weit unter dem Glanz der Natur, und doch werdet ihr glauben, es sei unmöglich. Das Schönste dabei ist, daß die lebhaf-

ten Farben, in geringer Entfernung schon, durch den Luftton gemildert werden, und daß die Gegensätze von kalten und warmen Tönen (wie man sie nennt) so sichtbar dastehn. Die blauen klaren Schatten stechen so reizend von allem erleuchteten Grünen, Gelblichen, Rötlichen, Bräunlichen ab, und verbinden sich mit der bläulich duftigen Ferne. Es ist ein Glanz, und zugleich eine Harmonie, eine Abstufung im Ganzen, wovon man nordwärts gar keinen Begriff hat. Bei euch ist alles entweder hart oder trüb, bunt oder eintönig. Wenigstens erinnere ich mich selten einzelne Effekte gesehen zu haben, die mir einen Vorschmack von dem gaben, was jetzt täglich und stündlich vor mir steht. Vielleicht fände ich jetzt, da mein Auge geübter ist, auch nordwärts mehr Schönheiten.

Übrigens kann ich wohl sagen, daß ich nun fast die rechten geraden Wege zu allen bildenden Künsten vor mir sehe und erkenne, aber auch nun ihre Weiten und Fernen desto klarer ermesse. Ich bin schon zu alt, um von jetzt an mehr zu tun, als zu pfuschen; wie es andre treiben seh' ich auch, finde manchen auf dem guten Pfade, keinen mit großen Schritten. Es ist also auch damit wie mit Glück und Weisheit, davon uns die Urbilder nur vorschweben, deren Kleidsaum wir höchstens berühren.

FA I.15,1. S. 464f.

Aus »Italienische Reise«
Rom, 15. Dezember 1787

Das Wetter hat uns unglaublich begünstigt, es war fast das
schönste Wetter des ganzen Jahrs. Außer den immer grünen Bäumen haben noch einige Eichen ihr Laub, auch junge Kastanien
noch das Laub, wenn gleich gelb. Es sind Töne in der Landschaft
von der größten Schönheit, und die herrlichen großen Formen
im nächtlichen Dunkel! Ich habe große Freude gehabt, die ich
dir in der Ferne mitteile. Ich war sehr vergnügt und wohl.

FA I.15,1, S. 478

Römische Elegien
Neunte Elegie

Herbstlich leuchtet die Flamme vom ländlich geselligen
                                    Herde,
  Knistert und glänzend wie rasch, sausend vom Reisig
                                    empor!
Diesen Abend erfreut sie mich mehr, denn eh noch zur Kohle
  Sich das Bündel verzehrt, unter die Asche sich neigt
Kommt mein liebliches Mädchen. Dann flammen Reisig und
                                    Scheite,
  Und die erwärmte Nacht wird uns ein glänzendes Fest.
Morgen frühe geschäftig verläßt sie das Lager der Liebe,
  Weckt aus der Asche behend Flammen aufs neue hervor.
Denn das gab ihr Amor vor vielen andern, die Freude
  Wieder zu wecken, wenn sie still wie zu Asche versank.

FA I.1, S. 413

Aus »Reise in die Schweiz«
17. September 1797

Von *Tuttlingen* um 7 Uhr. Der Nebel war sehr stark; ich ging noch vorher die Donau zu sehen. Sie scheint schon breit, weil sie durch ein großes Wehr gedämmt ist. Die Brücke ist von Holz und ohne bedeckt zu sein mit Verstand auf die Dauer konstruiert; die Tragewerke liegen in den Lehnen, und die Lehnen sind mit Brettern verschlagen und mit Schindeln gedeckt. Hinter Tuttlingen geht es gleich anhaltend bergauf, man trifft wieder Kalkstein mit Versteinerungen. Ich bemerkte eine gute und wohlfeile Art einer Lehne am Wege: In starke Hölzer waren viereckt längliche Löcher eingeschnitten und lange dünne Stämme getrennt und durchgeschoben. Wo sich zwei einander mit dem obern und untern Ende berührten, waren sie verkeilt.

Überhaupt muß man alle würtembergischen Anstalten von Chausseen und Brücken durchaus loben.

Der Nebel sank in das Donautal, das wie ein großer See, wie eine überschneite Fläche aussah, indem die Masse ganz horizontal und mit fast unmerklichen Erhöhungen niedersank. Oben war der Himmel völlig rein.

Man steigt so hoch, daß man mit dem Rücken der sämtlichen Kalkgebirge, zwischen denen man bisher durchfuhr, beinahe gleich zu sein scheint. Die Donau kommt vom Abend hergeflossen, man sieht weit in ihr Tal hinauf, und wie es von beiden Seiten eingeschlossen ist, so begreift man, wie ihr Wasser weder südwärts nach dem Rhein, noch nordwärts nach dem Neckar fallen könne. Man sieht auch ganz hinten im Grunde des Donautals die Berge quer vorliegen, die sich an der rechten Seite des Rheins bei Freiburg hinziehen und den Fall der Wasser nach Abend gegen den Rhein zu verhindern.

Die neue Saat des Dinkels stand schon sehr schön; man säet hier früh, weil es auf den Höhen zeitig einwintert.

FA I.16, S. 185

Einsiedeln, 29. September 1797
Tagebuch

Die Berggipfel waren alle mit vielfachen Wolken und Nebeln bedeckt, so daß ihre Massen selten durchblickten und meist nur geahndet werden konnten. Ein seltsamer Schein in den Wolken und Nebeln zeigte den Untergang der Sonne an. Diese Hüllen lagen so gehäuft übereinander, daß man bey einbrechender Nacht nicht glaubte, daß es wieder Tag werden könne.

WA III.2, S. 165f.

Altdorf, 6. Oktober 1797
Tagebuch

Der See macht nun hier einen Busen gegen ein niedriges Land zu, dieses ist, nordwärts, durch die Mittagsseite eines sanft abhängenden Berges begrenzt, welcher sehr gut bebaut ist. Die Bäume hingen voll Obst, die Nüsse wurden abgeschlagen. Die Bucht endigt sich mit flachen sumpfigen Wiesen. Wir kamen durch Buochs, wobey ein Landungsplatz für diese Seite ist. Landleute mit Hanf beschäftigt. Schön gepflasterter Weg

über eine Höhe, zwischen Matten, auf welchen Kühe schwelgten. Dergleichen Matten werden im Frühjahr abgeätzt und, wenn das Heu gemacht ist, wachsen sie abermals stark genug, daß die Kühe bis auf den Winter hinreichende Nahrung finden. Man kommt durch ein schmales Thal, zwischen eingezäunten Matten, und endlich auf die schöne, völlig ebene Fläche, worauf Stanz, nicht zu nahe von hohen Bergen umgeben, liegt. Wir traten im Gasthof zur Krone ein, welcher der Kirche gegenüber auf einem hübschen Platze liegt.

WA III.2, S. 181

Stäfa, 17. Oktober 1797
An Friedrich Schiller

Auf dieser kurzen Reise haben wir die mannigfaltigsten Gegenstände gesehen und die verschiedensten Jahrszeiten angetroffen, wovon künftig ein mehreres.

WA IV.12, S. 331

Ein Herbst im Feld

Aus »Campagne in Frankreich«
19. September 1792

Da des Herzogs von Weimar Regiment den Vortrab hatte, gab man der Leib-Schwadron, als der vordersten der ganzen Kolonne, Husaren mit, die den Weg unserer Bestimmung kennen sollten. Nun ging es, mitunter im scharfen Trab, über Felder und Hügel ohne Busch und Baum; nur in der Entfernung links sah man die Argonner Waldgegend; der Sprühregen schlug uns heftiger ins Gesicht; bald aber erblickten wir eine Pappelallee die, sehr schön gewachsen und wohl unterhalten, unsere Richtung quer durchschnitt. Es war die Chaussee von Chalons auf Sainte Menehould, der Weg von Paris nach Deutschland; man führte uns drüber weg und in's Graue hinein.

FA I.16, S. 430f.

Aus »Campagne in Frankreich«
19. September 1792

Die Kanonade hatte kaum aufgehört als Regen und Sturm schon wieder eindrangen und einen Zustand unter freiem Himmel, auf zähem Lehmboden höchst unerfreulich machten. Und doch kam, nach so langem Wachen, Gemüts- und Leibesbewegung, der Schlaf sich anmeldend als die Nacht hereindüsterte. Wir hatten uns hinter einer Erhöhung die den schneidenden Wind abhielt notdürftig gelagert, als es jemanden einfiel, man solle sich für diese Nacht in die Erde graben und mit dem Mantel zudecken. Hiezu machte man gleich An-

stalt und es wurden mehrere Gräber ausgehauen, wozu die reitende Artillerie Gerätschaften hergab. Der Herzog von Weimar selbst verschmähte nicht eine solche voreilige Bestattung.

FA I.16, S. 436f.

Hans an der Bionne, westlich von Valmy, 25. September 1792 An Herzogin Amalia

Hören nun Ew. Durchl. nach allem diesen daß wir schon mehrere Wochen in der Nähe von Champagne, ja in Champagne hausen und herschen und doch noch keinen Tropfen leidlichen Weins getruncken haben, so werden Sie deutlich einsehen daß es hierherum nicht mit rechten Dingen zugehe und daß wir uns auf einem Boden befinden dem nicht recht zu trauen ist. Indessen ist das Zutrauen wie die Freundschaft keine Kunst zur Zeit wenn alles gelingt und glückt. Wenn es mißlich wird dann zeigt sich erst der Glaube der sich an dem erquickt und stärckt was er nicht sieht.

FA II.3, S. 634

Aus »Campagne in Frankreich«
4. Oktober 1792

Die Schwierigkeit vom Platze zu kommen wuchs mehr und mehr; um den unfahrbaren Hauptwegen zu entgehen suchte man sich Bahn über Feld. Der Acker, von rötlicher Farbe, noch zäher als der bisherige Kreideboden, hinderte jede Bewegung. Die vier kleinen Pferde konnten meine Halbchaise kaum erziehen, ich dachte sie wenigstens um das Gewicht meiner Person zu erleichtern. Die Reitpferde waren nicht zu erblicken; der große Küchwagen mit sechs tüchtigen bespannt kam an mir vorbei. Ich bestieg ihn; von Viktualien war er nicht ganz leer, die Küchmagd aber stak sehr verdrießlich in der Ecke. Ich überließ mich meinen Studien. Den dritten Band von Fischers physikalischem Lexikon hatte ich aus dem Koffer genommen; in solchen Fällen ist ein Wörterbuch die willkommenste Begleitung, wo jeden Augenblick eine Unterbrechung vorfällt, und dann gewährt es wieder die beste Zerstreuung indem es uns von einem zum andern führt.

Man hatte sich auf den zähen, hie und da quelligen roten Ton-Feldern notgedrungen unvorsichtig eingelassen; in einer solchen Falge mußte zuletzt auch dem tüchtigen Küchengespann die Kraft ausgehen. Ich schien mir in meinem Wagen wie eine Parodie von Pharao im roten Meere, denn auch um mich her wollten Reiter und Fußvolk in gleicher Farbe gleicher Weise versinken. Sehnsüchtig schaut' ich nach allen umgebenden Hügelhöhen, da erblickt' ich endlich die Reitpferde, darunter den mir bestimmten Schimmel; ich winkte sie mit Heftigkeit herbei, und nachdem ich meine Physik der armen krankverdrießlichen Küchmagd übergeben und ihrer Sorgfalt empfohlen, schwang ich mich aufs Pferd, mit dem festen Vorsatz mich sobald nicht wieder auf eine Fahrt einzulassen. Hier

ging es nun freilich selbstständiger, aber nicht besser, noch schneller.

FA I.16, S. 457f.

Aus »Campagne in Frankreich«
7./8. Oktober 1792

Wir hatten über die Maas gesetzt und den Weg eingeschlagen der aus den Niederlanden nach Verdun führt; das Wetter war furchtbarer als je, wir lagerten bei Consenvoy. Die Unbequemlichkeit, ja das Unheil stiegen aufs Höchste, die Zelte durchnäßt, sonst kein Schirm kein Obdach; man wußte nicht wohin man sich wenden sollte, noch immer fehlte mein Wagen und ich entbehrte das Notwendigste. Konnte man sich auch unter einem Zelte bergen, so war doch an keine Ruhestelle zu denken. Wie sehnte man sich nicht nach Stroh, ja nach irgend einem Brettstück, und zuletzt blieb doch nichts übrig als sich auf den kalten feuchten Boden niederzulegen.

Nun hatte ich aber schon in vorigen gleichen Fällen mir ein praktisches Hülfsmittel ersonnen wie solche Not zu überdauern sei; ich stand nämlich so lange auf den Füßen bis die Kniee zusammen brachen, dann setzt' ich mich auf einen Feldstuhl wo ich hartnäckig verweilte bis ich niederzusinken glaubte, da denn jede Stelle wo man sich horizontal ausstrekken konnte, höchst willkommen war. Wie also Hunger das beste Gewürz bleibt, so wird Müdigkeit der herrlichste Schlaftrunk sein.

FA I.16, S. 468

Jagdszenen

Jägers Nachtlied

Im Felde schleich ich still und wild,
Lausch mit dem Feuerrohr,
Da schwebt so licht dein liebes Bild
Dein süßes Bild mir vor.

Du wandelst jetzt wohl still und mild
Durch Feld und liebes Tal
Und ach mein schnell verrauschend Bild,
Stellt sich dir's nicht einmal?

Des Menschen der in aller Welt
Nie findet Ruh noch Rast;
Dem wie zu Hause, so im Feld
Sein Herze schwillt zur Last.

Mir ist es denk ich nur an dich
Als säh' den Mond ich an;
Ein stiller Friede kommt auf mich
Weiß nicht wie mir getan.

FA I.1, S. 225

Aus »Wilhelm Meisters Wanderjahre« Zweites Buch · 4. Kapitel · Der Mann von funfzig Jahren

Genug, das Jagdgedicht selbst ward abgesendet, von welchem wir jedoch einige Worte nachzubringen haben.

Der Leser desselben belustigt sich an der entschiedenen Jagdliebhaberei und allem was sie begünstigen mag; erfreulich ist der Jahreszeitenwechsel, der sie mannigfaltig aufruft und anregt. Die Eigenheiten sämtlicher Geschöpfe, denen man nachstellt, die man zu erlegen gesinnt ist, die verschiedenen Charaktere der Jäger, die sich dieser Lust, dieser Mühe hingeben, die Zufälligkeiten wie sie befördern oder schädigen; alles war, besonders was auf das Geflügel Bezug hatte, mit der besten Laune dargestellt und mit großer Eigentümlichkeit behandelt.

Von der Auerhahn-Balz bis zum zweiten Schnepfenstrich und von da bis zur Rabenhütte war nichts versäumt, alles wohl gesehen, klar aufgenommen, leidenschaftlich verfolgt, leicht und scherzhaft, oft ironisch dargestellt.

FA I.10, S. 466f.

»Novelle« (Beginn)

Ein dichter Herbstnebel verhüllte noch in der Frühe die weiten Räume des fürstlichen Schloßhofes, als man schon mehr oder weniger durch den sich lichtenden Schleier die ganze Jägerei zu Pferde und zu Fuß durch einander bewegt sah. Die eiligen Beschäftigungen der nächsten ließen sich erkennen, man verlängerte, man verkürzte die Steigbügel, man reichte sich Büchse und Patrontäschchen, man schob die Dachsranzen zurecht, indes die Hunde ungeduldig am Riemen den Zurückhaltenden mit fortzuschleppen drohten. Auch hie und da gebärdete ein Pferd sich mutiger, von feuriger Natur getrieben oder von dem Sporn des Reiters angeregt, der selbst hier in der Halbhelle eine gewisse Eitelkeit sich zu zeigen nicht ver-

leugnen konnte. Alle jedoch warteten auf den Fürsten, der von seiner jungen Gemahlin Abschied nehmend allzulange zauderte.

Erst vor kurzer Zeit zusammen-getraut empfanden sie schon das Glück übereinstimmender Gemüter, beide waren von tätig lebhaftem Charakter, eines nahm gern an des andern Neigungen und Bestrebungen Anteil. Des Fürsten Vater hatte noch den Zeitpunkt erlebt und genutzt, wo es deutlich wurde daß alle Staatsglieder in gleicher Betriebsamkeit ihre Tage zubringen, in gleichem Wirken und Schaffen, jeder nach seiner Art, erst gewinnen und dann genießen sollte.

Wie sehr dieses gelungen war ließ sich in diesen Tagen gewahr werden, als eben der Hauptmarkt sich versammelte, den man gar wohl eine Messe nennen konnte. Der Fürst hatte seine Gemahlin gestern durch das Gewimmel der aufgehäuften Waren zu Pferde geführt und sie bemerken lassen, wie gerade hier das Gebirgsland mit dem flachen Lande einen glücklichen Umtausch treffe; er wußte sie an Ort und Stelle auf die Betriebsamkeit seines Länderkreises aufmerksam zu machen.

Wenn sich nun der Fürst fast ausschließlich in diesen Tagen mit den Seinigen über diese zudringenden Gegenstände unterhielt, auch besonders mit dem Finanzminister anhaltend arbeitete, so behielt doch auch der Landjägermeister sein Recht, auf dessen Vorstellung es unmöglich war, der Versuchung zu widerstehen, an diesen günstigen Herbsttagen eine schon verschobene Jagd zu unternehmen, sich selbst und den vielen angekommenen Fremden ein eignes und seltnes Fest zu eröffnen.

Die Fürstin blieb ungern zurück; man hatte sich vorgenommen, weit in das Gebirg hineinzudringen, um die friedlichen Bewohner der dortigen Wälder durch einen unerwarteten Kriegszug zu beunruhigen.

FA I.8, S. 533f.

Herbst im Rheingau

Karlsbad, 28. August 1807
An Carl Friedrich von Reinhard

Der herrliche Nachsommer und Herbst muß sich am Main
und Rhein unendlich schön zeigen.

FA II.6, S. 227

Rhein und Main

Zu des Rheins gestreckten Hügeln,
Hochgesegneten Gebreiten,
Auen die den Fluß bespiegeln,
Weingeschmückten Landesweiten,
Möget mit Gedankenflügeln
Ihr den treuen Freund begleiten.

FA I.2, S. 616

Im Rheingau Herbsttage.

Supplement des Rochus-Festes, 1814.

Das lebendige Schauen der nunmehr zu beschreibenden Ört-
lichkeiten und Gegenstände verdanke ich der geliebten wie
verehrten Familie *Brentano*, die mir, an den Ufern des Rheins,
auf ihrem Landgute zu Winkel, viele glückliche Stunden berei-
tete.

Die herrliche Lage des Gebäudes läßt nach allen Seiten die Blicke frei, und so können auch die Bewohner, zu welchen ich, mehrere Wochen, mich dankbar zählte, sich ringsumher, zu Wasser und Land, fröhlich bewegen. Zu Wagen, Fuß und Schiff erreichte man, auf beiden Ufern, die herrlichsten, oft vermuteten, öfters unvermuteten Standpunkte. Hier zeigt sich die Welt mannigfaltiger als man sie denkt; das Auge selbst ist sich in der Gegenwart nicht genug, wie sollte nunmehr ein schriftliches Wort hinreichen die Erinnerung aus der Vergangenheit hervorzurufen. Mögen deshalb diese Blätter wenigstens meinem Gefühl an jenen unschätzbaren Augenblikken und meinem Dank dafür treulich gewidmet sein.

Den 1. Sept.

Kloster *Eibingen* gibt den unangenehmsten Begriff eines zerstörten würdigen Daseins. Die Kirche, alles Zubehörs beraubt, Zimmer und Säle ohne das mindeste Hausgerät, die Zellenwände eingeschlagen, die Türen nach den Gängen mit Riegeln verzimmert, die Fache nicht ausgemauert, der Schutt umherliegend. Warum denn aber diese Zerstörung ohne Zweck und Sinn? Wir vernehmen die Ursache. Hier sollte ein Lazarett angelegt werden, wenn der Kriegsschauplatz in der Nähe geblieben wäre. Und so muß man sich noch über diesen Schutt und über die verlassene Arbeit freuen. Man scheint übrigens gegenwärtig die leeren Räume zu Monturkammern und Aufbewahrung älterer, wenig brauchbarer Kriegs-Bedürfnisse benutzen zu wollen. Im Chor liegen Sättel gereihet, in Sälen und Zimmern Tornister, an abgelegten Montierungsstücken fehlt es auch nicht, so daß wenn eine der Nonnen, vor Jahren, die Gabe des Vorgesichts gehabt hätte, sie sich vor der künftigen Zerrüttung und Entweihung hätte entsetzen müssen. Die Wappen dieser ehemals hier beherbergten

und ernährten Damen verzieren noch einen ausgeleerten Saal.

Hierauf besuchten wir in *Rüdesheim* das Brömserische Gebäude, welches zwar merkwürdige, aber unerfreuliche Reste aus dem sechszehnten Jahrhundert enthält. Nur ist ein Familiengemälde der Herren von Kroneburg, von 1549, in seiner Art besonders gut und der Aufmerksamkeit aller Freunde des Altertums und der Kunst würdig.

In der Stadtkirche auf dem Markt befindet sich das Wunderbild das ehemals so viele Gläubige nach *Noth-Gottes* gezogen hatte. Christus kniend, mit aufgehobenen Händen, etwa acht Zoll hoch, wahrscheinlich die übrig gebliebene Hauptfigur einer uralten Ölbergsgruppe. Kopf und Körper aus Holz geschnitzt. Das Gewand von feinem leinen Zeuge aufgeklebt, fest anliegend wo die Falten schon ins Holz geschnitzt waren, an den rohen Armen aber locker, die Ärmel bildend und ausgestopft, das Ganze bekreidet und bemalt. Die angesetzten Hände zwar zu lang, die Gelenke und Nägel hingegen gut ausgedrückt; aus einer nicht unfähigen aber ungeschickten Zeit.

Den 2. Sept.

Ohngefähr in der Mitte von Winkel biegt man aus nach der Höhe zu, um *Vollrath* zu besuchen. Erst geht der Weg zwischen Weinbergen, dann erreicht man eine Wiesenfläche, sie ist hier unerwartet, feucht und mit Weiden umgeben. Am Fuß des Gebirges, auf einem Hügel liegt das Schloß, rechts und links fruchtbare Felder und Weinberge, einen Bergwald von Buchen und Eichen im Rücken.

Der Schloßhof, von ansehnlichen Wohn- und Haushaltungs-Gebäuden umschlossen, zeugt von altem Wohlstande, der kleinere hintere Teil desselben ist den Feldbedürfnissen gewidmet.

Rechts tritt man in einen Garten, der, wie das Ganze, von altem Wohlhaben und gutsherrlicher Vorsorge zeugt, und jetzt als eine belebte Ruine uns eigentümlich anspricht. Die sonst pyramiden- und fächerartig gehaltenen Obstbäume sind zu mächtigen Stämmen und Ästen, kunstlos wild ausgewachsen, überschatten die Beete, ja verdrängen die Wege, und geben, von vortrefflichem Obste reich behangen, den wundersamsten Anblick. Eine Lustwohnung, von dem Kurfürsten aus der Greifenklauischen Familie erbaut, empfängt mit sichtbarstem Verfall den Eintretenden. Die untern Räume sind völlig entadelt, der Saal des ersten Stocks erweckt, durch Familienbilder, die, ohne gut gemalt zu sein, doch die Gegenwart der Persönlichkeiten aussprechen, das Andenken einer früheren blühenden Zeit. Lebensgroß sitzt ein behaglicher Greifenklau, der auf sich und seinen Zustand sich etwas einbilden durfte. Zwei Gattinnen und mehrere Söhne, Domherren, Soldaten und Hofleute, stehen ihm zur Seite, und was von Kindern, vielleicht auch Verwandten, auf ebenem Boden nicht Platz fand, erscheint, als Gemälde im Gemälde, oben in Bilde. So hängen auch Kurfürsten, Domherren und Ritter, lebensgroß, in ganzen und halben Figuren umher, in dem nicht verwüsteten, aber wüsten Saale, wo alte reiche Stühle, zwischen vernachlässigten Samen-Stauden und anderm Unrat, unordentlich noch ihren Platz behaupten. In den Seitenzimmern, schlottern die Goldleder-Tapeten an den Wänden, man scheint die Tapeziernägel, die sie festhielten, zu anderm Gebrauch herausgezogen zu haben.

Wendet nun das Auge von diesem Greuel sich weg gegen das Fenster, so genießt es, den verwilderten fruchtbaren Garten unter sich, der herrlichsten Aussicht. Durch ein sanft geöffnetes Tal sieht man *Winkel* nach seiner Länge; Überrheinisch sodann *Unter-* und *Ober-Ingelheim*, in fruchtbarer Ge-

gend. Wir gingen durch den vernachlässigten Garten die Baumschulen aufzusuchen, die wir aber in gleichem Zustande fanden, der Gärtner, wollte man wissen, liebe die Fischerei.

Draußen unter dem Garten auf der Wiese, zog eine große, wohlgewachsene Pappel unsere Aufmerksamkeit an sich, wir hörten sie sei am Hochzeitsfeste des vorletzten Greifenklau gepflanzt, dessen Witwe, noch zuletzt, diese Herrlichkeiten mit ungebändigter Lust genossen habe. Nach dem frühzeitigen Tode eines Sohnes aber ging der Besitz dieses schönen Guts auf eine andere Linie hinüber, welche, entfernt wohnend, für dessen Erhaltung weniger besorgt zu sein scheint. Einen wunderlichen, in einen kleinen Teich gebauten Turm gingen wir vorüber und verfügten uns in das ansehnliche Wohngebäude.

Hatten wir gestern, im Kloster Eibingen, die Zerstörung gesehen, welche durch Änderung der Staats-Verhältnisse, Religions-Begriffe, durch Kriegsläufte und andere Sorgen und Bedürfnisse, mit Willen und Unwillen einreißt, sahen wir dort ein aufgehobenes Kloster; so fanden wir hier die Spuren einer alten Familie, die sich selbst aufhebt. Die ehrwürdigen Stammbäume erhielten sich noch an den Wänden der umherlaufenden Gänge. Hier sproßten Greifenklaue und Sickingen gegen einander über und verzweigten sich ins Vielfache, die vornehmsten und berühmtesten Namen schlossen sich weiblicher Seits an den Greifenklauischen.

Auf einem andern dieser Bilder, knieten Bischöfe, Äbte, Geistliche, Frauen unter dem Baume von dem sie entsprossen Heil erbittend. Ein drittes Gemälde dieser Art war, mutwillig oder absichtlich, entstellt; es hatte jemand den Stammvater herausgeschnitten, vielleicht ein Liebhaber solcher Altertümer, denen nirgends zu trauen ist. Da schwebten nun Äste und Zweige in der Luft das Verdorren weissagend.

Wie unterhaltend übrigens in guten lebendigen Zeiten diese Galerien, für Familienglieder, für Verwandte müssen gewesen sein, kann man noch daraus ermessen daß die Grundrisse mancher Besitzungen, mit ihren Grenzen, Gerechtsamen, streitigen Bezirken und was sonst bemerklich sein mochte, hier aufgehangen und vor das Auge gebracht sind.

Doch fehlte nunmehr manches was Besuchende hier in früherer Zeit gekannt hatten, und wir entdeckten zuletzt, in einer Kammer, sämtliche Familienbilder, flözweise über einander geschichtet und dem Verderben geweiht. Einige sind wert erhalten zu sein, allen hätte man wohl einen Platz an den Wänden gegönnt. In wenigen Zimmern finden sich noch Stühle und Bettstellen, Kommoden und dergleichen, durch Zeit und Unordnung langsam verdorben und unbrauchbar.

In der kleinen Kapelle wird noch Gottesdienst gehalten, auch diese ist nur notdürftig reinlich. Ein paar kleine griechische Bildchen verdienen kaum aus diesem allgemeinen Verderben gerettet zu werden.

Aus solchen traurigen Umgebungen eilten wir in die reiche frohe Natur, indem wir auf der Höhe des Hügels, Weinberge links, frisch geackerte Fruchtfelder rechts, dem Johannisberg zugingen. Die Grenze des Weinbaues bezeichnet zugleich die Grenze des aufgeschwemmten Erdreichs, wo die Acker anfangen zeigt sich die ursprüngliche Gebirgsart. Es ist ein Quarz, dem Tonschiefer verwandt, der sich in Platten und Prismen zu trennen pflegt.

Man kann nicht unterlassen links hinterwärts, nach dem Fluß und nach denen ihn, an beiden Ufern, begleitenden Landschaften und Wohnlichkeiten umzuschauen, die, im einzelnen schon bekannt, mit größerem Anteil im Ganzen überblickt werden.

Überrascht wird man aber doch wenn man auf den Altan

des Johannesberger Schlosses tritt. Denn wollte man auch alle in der Festbeschreibung genannten Orte und Gegenstände wiederholen, so würde sich doch nur dasjenige allenfalls in der Folge dem Gedächtnis darstellen, was man hier auf einmal übersieht, wenn man auf demselben Flecke stehend, den Kopf nur rechts und links wendet. Denn von *Bieberich* bis *Bingen* ist alles einem gesunden, oder bewaffneten Auge sichtbar. Der Rhein, mit denen daran gegürteten Ortschaften, mit Inselauen, jenseitigen Ufern und ansteigenden Gefilden. Links oben die blauen Gipfel des *Altkins* und *Feldbergs*, gerade vor uns der Rücken des *Donnersbergs*! Er leitet das Auge nach der Gegend woher die Nahe fließt. Rechts unten liegt *Bingen*, daneben die ahndungsvolle Bergschlucht wohin sich der Rhein verliert.

Die uns im Rücken verweilende Abendsonne beleuchtete diese mannigfaltigen Gegenstände an der uns zugekehrten Seite. Leichte, seltsam, streifenweis, vom Horizont nach dem Zenit strebende Wolken unterbrachen die allgemeine Klarheit des Bildes, wechselnde Sonnenblicke lenkten jetzt die Aufmerksamkeit bald da bald dorthin, und das Auge ward stellenweise mit einzelner frischer Anmut ergetzt. Der Zustand des Schlosses selbst störte nicht diese angenehmen Eindrücke. Leer stehts, ohne Hausgerät, aber nicht verdorben.

Bei untergehender Sonne bedeckte sich der Himmel von allen Seiten mit bunten immer auf den Horizont sich beziehenden pfeilförmigen Streifen, sie verkündigten eine Wetterveränderung über welche die Nacht entscheiden wird.

Den 3. Septbr.
Der Morgenhimmel, erst völlig umwölkt, erheiterte sich bei fortdauerndem Nordwind. Nachdem wir in *Geisenheim*, bei einem Handelsmanne, ein altes Gemälde gesehen, ging der

Weg aufwärts durch einen Eichenbusch welcher alle vierzehn Jahre zum Behuf der Gerberei abgetrieben wird. Hier findet sich das Quarzgestein wieder und weiter oben eine Art von Totliegendem. Rechts blickt man in ein tiefes, von alten und jungen Eichen vollgedrängtes Bergtal hinab, die Türme und Dächer eines alten Klosters zeigen sich, von dem reichsten Grün ganz eingeschlossen, in wildem, einsamen Grunde. Eine Lage übereinstimmend mit dem Namen dieser heiligen Stätte: denn man nennt sie noch immer *Noth-Gottes*, obgleich das Wunderbild, das dem Ritter hier seine Not zujammerte, in die Kirche von Rüdesheim versetzt worden. Völlig unwirtbar erschiene diese Stelle noch jetzt, hätte man nicht einen kleinen Teil der angrenzenden Höhe gerodet und dem Feldbau gewidmet.

Aufwärts dann, eine hochgelegene, bebaute Fläche hin, geht der Weg bis man endlich auf den Niederwald gelangt, wo eine gerade, lange, breite Fahrstraße vornehme Anlagen verkündigt. Am Ende derselben steht ein Jagdschloß, mit Nebengebäuden. Schon von dem Hofraum, besser von einem Türmchen, sieht man in der ungeheuren Schlucht den Rhein abwärts fließen. *Lorch, Dreyeckshausen, Bacharach* sind hüben und drüben zu sehen, und mir war in diesem Blick der Anfang einer neuen Gegend und der völlige Abschluß des Rheingaues gegeben.

Auf einem Spaziergang durch den Wald gelangte man zu verschiedenen Aussichten und endlich zu einem, auf einer Felskuppe des Vorgebirgs liegenden Altan, von welchem eine der schönsten Übersichten genossen wird. Tief unter uns die Strömung des Binger Lochs, oberhalb derselben den Mäuseturm. Die *Nahe* durch die Brücke von Bingen, herfließend, aufwärts der Bergrücken der *Rochus Kapelle* und was dem angehört, eine große in allen Teilen mannigfaltige Ansicht. Wen-

det sich das Auge zurück und unterwärts so sehen wir das verfallene Schloß *Ehrenfels* zu unsern Füßen.

Durch eine große, wohlbestandne Waldstrecke, gelangt man zu dem gegen Norden gerichteten runden Tempel. Hier blickt man von neuem rheinaufwärts und findet Anlaß alles zu summieren was man diese Tage her gesehen und wieder gesehen hat. Wir sind mit den Gegenständen im einzelnen wohlbekannt und so läßt sich durch das Fernrohr, ja sogar mit bloßen Augen manches besondere, nah und fern, schauen und bemerken.

Wer sich in der Folge bemühte den Niederwald besser darzustellen, müßte im Auge behalten, wie das Grundgebirge von Wiesbaden her immer mehr an den Rhein heranrückt, den Strom in die westliche Richtung drängt, und nun die Felsen des Niederwaldes die Grenzen sind wo er seinen nördlichen Weg wieder antreten kann.

Der steile Fußpfad nach Rüdesheim hinab, führt durch die herrlichsten Weinberge, welche mit ihrem lebhaften Grün in regelmäßigen Reihen, wie mit wohlgewirkten Teppichen, manche, sich an und übereinander drängende Hügel bekleiden.

Den 4. Septbr.

Früh in der Kirche, wo der Gottesdienst, wegen einer Greifenklauischen Stiftung, feierlicher als gewöhnlich begangen wurde. Geputzte und bekränzte Kinder knieten an den Seiten-Stufen des Altars und streuten, in den Hauptmomenten des Hochamtes, Blumenblätter aus ihren Körbchen; weil sie aber verschwenderisch damit umgingen und doch in dem feierlichsten Augenblick nicht fehlen wollten, rafften sie das Ausgestreute wieder in ihre Körbchen und die Gabe ward zum zweitenmale geopfert.

Sodann zu der verfallenen, in ein Winzerhaus verwandelten Kapelle des *heiligen Rabanus*. Sie soll das erste Gebäude in Winkel gewesen sein, alt genug scheint es. Die Erde, oder vielmehr der Schutt, aufgerafft an der Stelle wo der Altar gestanden, soll Ratten und Mäuse vertreiben.

Nach Tische in einem, mit Menschen überladenen Kahne, von Mittelheim nach Weinheim, bei ziemlich lebhaftem Nordostwind. Der Stromstrich wirkt hier stark auf das linke Ufer, nachdem er eine vorliegende Aue weggerissen. Die Wurzeln der alten Weiden sind entblößt, die Stämme vom Eis entrindet. Man hat einen Damm aufgeworfen um die dahinter liegenden Felder vor Überschwemmung zu sichern.

Am Ende dieses Dammes, gegen Niederingelheim zu, fanden wir ganz eigentliche Dünen, in den ältesten Zeiten vom Wasser abgesetzt, nun ihr leichter Sand vom Winde hin und hergetrieben. Unzählige kleine Schnecken waren mit demselben vermengt, ein Teil davon den Turbiniten ähnlich die sich im Weinheimer Kalktuffe befinden. Daß dergleichen sich noch jetzt in diesem Sandbezirk vermehren, läßt sich folgern, da mir die aufmerksamen Kinder ein Schneckenhaus mit lebendigem Tiere vorgezeigt.

Hinter einer Mühle beginnt ein fruchtbareres Gelände das sich bis *Nieder-Ingelheim* zieht. Dieser Ort schon hoch, an einer sanften Anhöhe gelegen, gehört zu dem Distrikt der sonst des heiligen Römischen *Reichs Tal* genannt wurde. Carl des Großen Palast fanden wir halb zerstört, zerstückelt, in kleine Besitzungen verteilt, den Bezirk desselben kann man noch an den hohen, vielleicht spätern Mauern erkennen. Ein Stück einer weißen Marmorsäule findet sich an dem Tor eingemauert, mit folgender Inschrift aus dem dreißigjährigen Kriege:

»Vor 800 Jahren ist dieser Saal des großen Kaisers Carl,

nach ihm Ludwig des milden Kaisers Carlen Sohn, im Jahr 1044 aber Kaisers Heinrichs, im J. 1360 Kaisers Carlen Königs in Böhmen Pallast gewesen und hat Kaiser Carle d. Große, neben andern gegossenen Säulen, diese Säule aus Italia von Ravenna anhero in diesen Pallast fahren lassen, welche man bey Regierung Kaisers Ferdinandi des II und Königs in Hispania Philippi des IV auch derer verordneter hochlöblicher Regierung in der untern Pfalz, den 6. Aprilis Anno 1628 als der katholische Glauben wiederumb eingeführet worden ist aufgerichtet.

Münsterus in Histora von Ingelheim des heilg. römisch. Reichs Thal fol. DCLXXXIX.«

Den Ort, wo die Küche vor Alters gestanden will man dadurch entdeckt haben, daß sehr viele Tierknochen besonders wilde Schweinszähne in dem nächsten Graben entdeckt worden. Während der französischen Herrschaft hat man verschiedene Nachsuchungen getan, auch wurden einige Säulen nach Paris geschafft.

Neuerlich ward, bei Gelegenheit des großen Chausseebaues, Ingelheim vortrefflich gepflastert, das Posthaus gut eingerichtet. Frau Glöckle nennt sich die Postmeisterin, jetzt von Reisenden, besonders Engländern und Engländerinnen fleißig besucht.

Bei dunkler Nacht gelangten wir, auf der Fähre, zwar nicht ohne Unbilden, aber doch glücklich nach Hause.

Den 5. Septbr.

Fuhren wir im Wagen nach Rüdesheim, sodann im Kahne, bei einem starken, stromaufwärtswehenden Winde, nach Bingen hinüber; die Fähre brachte den Wagen nach.

Spaziergang am Ufer, Gyps ausgeladen, viel mit grauem

Ton vermischt. Woher derselbe kommen mag? Spaziergang durch die Stadt, im Gasthaus zum weißen Roß eingekehrt. Melancholische Wirtin, mit seltsamem Bewußtsein ihres Zustandes. Nach guter und wohlfeiler Bewirtung fuhren wir den Rochus-Berg hinauf, an den verfallenen Stationen vorbei. Die Rochus Kapelle fanden wir offen. Der Mann der die Wiederherstellung besorgt hatte war gegenwärtig, froh über sein Werk, das auch wirklich für gelungen gelten kann. Man hat die Kirchenmauern erhöht so viel als nötig um dem Hauptaltar von Eibingen gehörigen Raum zu verschaffen. Der Transport kostete nichts, denn die von Bingen hatten alles von drüben herab und hüben herauf getragen, die Schiffer gleichfalls ohne Lohn gefahren. Dadurch war das Einzelne wohlerhalten geblieben und nur weniges zu reparieren nötig.

Man beschäftigte sich eben die Orgel aufzustellen. Als wir denjenigen den wir für den Meister hielten nach der Güte der Orgel fragten, erwiderte er mit Bedeutsamkeit: es ist eine weiche Orgel, eine Nonnen-Orgel! Man ließ uns einige Register hören, sie waren für den Umfang der Kapelle stark genug.

Nun wendeten wir uns zu der niemals genug zu schauenden Aussicht und untersuchten sodann das Gestein. Auf der Höhe besteht es aus einem dem Tonschiefer verwandten Quarz, am Fuße gegen Kempten zu aus einer Art Totliegenden, welches aus scharfkantigen Quarzstücken, fast ohne Bindungsmittel besteht. Es ist äußerst fest und hat außen durch die Witterung den bekannten Chalzedon-Überzug erlangt. Es wird billig unter die Urbreccien gerechnet.

Wir fuhren durch die Weinberge hinabwärts, ließen Kempten links und gelangten auf die neue treffliche Chaussee, an deren beiden Seiten ein leicht zu bearbeitender Boden gesehen wird. Da wir nach Oberingelheim verlangten, so verließen wir die Straße und fuhren rechts, auf einem sandigen Bo-

den durch junge Kieferwäldchen; sanfte Anhöhen zeigten schon besseres Erdreich, endlich trafen wir Weinberge und gelangten nach *Oberingelheim*. Dieses Örtchen liegt an einer Anhöhe, an dessen Fuß ein Wasser die Sulze genannt hinfließt.

In dem reinlichen, wohlgepflasterten Orte sind wenig Menschen zu sehen. Zu oberst liegt ein altes, durchaus verfallenes, weitläufiges Schloß, in dessen Bezirk eine noch gebrauchte, aber schlecht erhaltene Kirche. Zur Revolutionszeit meißelte man die Wappen von den Rittergräbern. Uralte Glasscheiben brechen nach und nach selbst zusammen. Die Kirche ist protestantisch.

Ein wunderbarer Gebrauch war zu bemerken. Auf den Häuptern der steinernen Ritter-Kolossen, sah man bunte, leichte Kronen von Draht, Papier und Band, turmartig zusammen geflochten. Dergleichen standen auch auf Gesimsen, große beschriebene Papierherzen daran gehängt. Wir erfuhren, daß es zum Andenken verstorbener, unverheirateter Personen geschehe. Diese Totengedächtnisse waren der einzige Schmuck des Gebäudes.

Wir begaben uns in ein Weinhaus und fanden einen alten Wirt, der, ohngeachtet seines kurzen Atems, uns von guten und bösen Zeiten zu unterhalten nicht ermangelte. Die beiden Ingelheime gehörten zu einem Landesstrich, den man die *Acht Ortschaften* nannte, welche seit uralten Zeiten große Privilegien genossen. Die Abgaben waren gering, bei schöner Fruchtbarkeit. Unter französischer Botmäßigkeit hatte man große Lasten zu tragen.

Man baute sonst hier nur weißen Wein, nachher aber, in Nachahmung und Nacheiferung von Asmannshausen, auch roten; man rühmte dessen Vorzüge ob man uns gleich mit keinem roten Eilfer mehr dienen konnte, wir ließen uns daher den weißen genannten Jahres wohlschmecken.

Als wir nach Weinheim zurück ans Ufer kamen und nach einem Kahn verlangten, erboten sich zwei Knaben uns überzufahren. Man zeigte einiges Mißtrauen gegen ihre Jugend, sie versicherten aber besser zu sein als die Alten, auch brachten sie uns schnell und glücklich ans rechte Ufer.

Den 6. Septbr.

Auf einem Spaziergange, bei Gelegenheit daß eine Mauer errichtet wurde, erfuhr ich daß der Kalkstein, welcher fast ganz aus kleinen Schnecken besteht, an den jenseitigen Höhen, und mehreren Orten gebrochen werde. Da diese Schnecken, nach der neusten Überzeugung, Ausgeburten des süßen Wassers sind, so wird die ehemalige Restagnation des Flusses zu einem großen See immer anschaulicher.

Man zeigte mir am Rheine, zwischen einem Weidig, den Ort wo *Fräulein von Günderode* sich entleibt. Die Erzählung dieser Katastrophe an Ort und Stelle, von Personen welche in der Nähe gewesen, und Teil genommen, gab das unangenehme Gefühl was ein tragisches Lokal jederzeit erregt. Wie man Eger nicht betreten kann ohne daß die Geister Wallensteins und seiner Gefährten uns umschweben.

Von diesen tragischen Gefühlen wurden wir befreit indem wir uns nach den Gewerben des Lebens erkundigten.

Gerberei. Der Stockausschlag eines abgetriebenen Eichenbusches braucht dreizehn bis vierzehn Jahre, dann werden die jungen Eichen geschält, entweder am Stamme, oder schon umgeschlagen, dies muß im Safte geschehen. Diese Schale wird von fernen Orten hergeholt, vom Neckar über Heidelberg, von Trier u.s.w. Die Wasserfahrt erleichtert das Geschäft. Mühlen zum Kleinmahlen der Lohe. Häute, die Nordamerikanischen, kommen während der letzten Zeit immer

über Frankreich. Behandlung der Häute, Zeit des Garwerdens.

Weinbau. Mühe dabei. Vorteile, Gewinn, Verlust. Anno 1811 wurden in Winkel 800 Stück Wein gebaut. Großer Ertrag des Zehnten. Die Güte des Weins hängt von der Lage ab, aber auch von der spätern Lese. Hierüber liegen die Armen und Reichen beständig im Streite, jene wollen viel, diese guten Wein. Man behauptet es gebe um den Johannisberg bessere Lagen; weil aber jener, als eingeschlossener Bezirk, seine Weinlese ungehindert verspäten könne, daher komme die größere Güte des Erzeugnisses. In den Gemeinde-Bezirken werden die Weinberge einige Zeit vor der Lese geschlossen, auch der Eigentümer darf nicht hinein. Will er Trauben, so muß er einen verpflichteten Mann zum Zeugen rufen.

Und so hätten wir denn abermals mit dem glücklichen Rundworte geschlossen:
Am Rhein! am Rhein!
Da wachsen unsre Reben!

FA I.16, S. 373-385

Heidelberg, 1. Oktober 1814
An Christiane Goethe

Spazierte früh erst über die Brücke und zurück, die Sonne bezwang die Nebel. Durch die Stadt, zum Carlsthor hinaus, den Necker aufwärts im Schatten der Felsen. Es war der herrlichste Herbstmorgen.

FA II.7, S. 367

Frankfurt, 15. September 1815
An Antonia Brentano

Und so wäre ich denn abermals in Ihrer Wohnung gewesen, die, ohngeachtet der bilderreichen Wände, sehr verwaist, ja verödet aussieht. Die herrlichen Gemälde die mich lange festhielten, erinnerten mich nur zu sehr daß die Besitzerinn fehlte, der ich, wie für so manche schöne Stunden, auch für diese gern herzlich gedanckt hätte. Dabey erfreute mich jedoch der Gedancke daß Sie, in diesen kostbaren Herbsttagen, an den Ufern des unteren Rheins, gewiß manches frohen Augenblicks genießen. Ich aber muß Landeinwärts, ohne Ihnen mündlich ausgedruckt zu haben wie sehr ich Ihnen verpflichtet bin. Dem Herrn Gemal empfehle mich dankbar. Bey Georg haben wir einen ungezogen lustigen Mittag zugebracht.

WA IV.26, S. 82.

Die Zeit des Weines

Aus »Dichtung und Wahrheit«
Viertes Buch

Es verging in der guten Jahrszeit fast kein Tag, daß nicht mein Vater sich hinaus begab, da wir ihn denn meist begleiten durften, und so von den ersten Erzeugnissen des Frühlings bis zu den letzten des Herbstes, Genuß und Freude hatten. Wir lernten nun auch mit den Gartengeschäften umgehen, die weil sie sich jährlich wiederholten, uns endlich ganz bekannt und geläufig wurden. Nach mancherlei Früchten des Sommers und Herbstes war aber doch zuletzt die Weinlese das Lustigste und am meisten Erwünschte; ja es ist keine Frage, daß wie der Wein selbst den Orten und Gegenden, wo er wächst und getrunken wird, einen freiern Charakter gibt, so auch diese Tage der Weinlese, indem sie den Sommer schließen und zugleich den Winter eröffnen, eine unglaubliche Heiterkeit verbreiten. Lust und Jubel erstreckt sich über eine ganze Gegend. Des Tages hört man von allen Ecken und Enden Jauchzen und Schießen, und des Nachts verkünden bald da bald dort Raketen und Leuchtkugeln, daß man noch überall wach und munter diese Feier gern so lange als möglich ausdehnen möchte. Die nachherigen Bemühungen beim Keltern und während der Gärung im Keller gaben uns auch zu Hause eine heitere Beschäftigung, und so kamen wir gewöhnlich in den Winter hinein ohne es recht gewahr zu werden.

FA I.14, S. 172f.

Der Becher

Einen wohlgeschnitzten vollen Becher
Hielt ich drückend in den beiden Händen,
Sog begierig süßen Wein vom Rande,
Gram und Sorg' auf Einmal zu vertrinken.

Amor trat herein und fand mich sitzen,
Und er lächelte bescheidenweise,
Als den Unverständigen bedauernd.

»Freund, ich kenn' ein schöneres Gefäße,
Wert die ganze Seele drein zu senken;
Was gelobst du, wenn ich dir es gönne,
Es mit anderm Nektar dir erfülle?«

O wie freundlich hat er Wort gehalten,
Da er, Lida, dich mit sanfter Neigung
Mir, dem lange sehnenden, geeignet!

Wenn ich deinen lieben Leib umfasse,
Und von deinen einzig treuen Lippen
Langbewahrter Liebe Balsam koste,
Selig sprech' ich dann zu meinem Geiste:

Nein, ein solch Gefäß hat außer Amorn
Nie ein Gott gebildet noch besessen!
Solche Formen treibet nicht Vulcanus
Mit den sinnbegabten, feinen Hämmern!
Auf belaubten Hügeln mag Lyäus
Durch die älteste, klügste seiner Faunen
Ausgesuchte Trauben keltern lassen,

Selbst geheimnisvoller Gärung vorstehn:
Solchen Trank verschafft ihm keine Sorgfalt!

FA I.1, S. 309f.

Nachgefühl

Wenn die Reben wieder blühen,
Rühret sich der Wein im Fasse;
Wenn die Rosen wieder glühen,
Weiß ich nicht wie mir geschieht.

Tränen rinnen von den Wangen,
Was ich tue, was ich lasse.
Nur ein unbestimmt Verlangen
Fühl' ich, das die Brust durchglüht.

Und zuletzt muß ich mir sagen,
Wenn ich mich bedenk' und fasse,
Daß, in solchen schönen Tagen,
Doris einst für mich geglüht.

FA I.1, S. 648f.

28. November 1810
Bettina Brentano an Goethe

Einmal zur Herbstlese, wo denn in Frankfurt am Abend in allen Gärten Feuerwerke abbrennen und von allen Seiten Raketen aufsteigen, bemerkte man in den entferntesten Feldern, wo sich die Festlichkeit nicht hin erstreckt hatte, viele Irrlichter, die hin- und herhüpften, bald auseinander, bald wieder eng zusammen, endlich fingen sie gar an, figurierte Tänze aufzuführen; wenn man nun näher drauf los kam, verlosch ein Irrlicht nach dem andern, manche taten noch große Sätze und verschwanden, andere blieben mitten in der Luft und verloschen dann plötzlich, andere setzten sich auf Hecken und Bäume – weg waren sie; die Leute fanden nichts, gingen wieder zurück: gleich fing der Tanz von vorne an, ein Lichtlein nach dem andern stellte sich wieder ein und tanzte um die halbe Stadt herum. Was war's? – Goethe, der mit vielen Kameraden, die sich Lichter auf die Hüte gesteckt hatten, da draußen herum tanzte.

Das war Deiner Mutter eine der liebsten Anekdoten; sie konnte noch manches dazu erzählen: wie Du nach solchen Streichen immer lustig nach Hause kamst und hundert Abenteuer gehabt pp. – Deiner Mutter war gut zuhören!

GG I, S. 76f.

Lied vom Eilfer

Eigenhändiger Gedichtentwurf (Erstfassung)

Wo man mir Guts erzeigt uberall
    'S ist eine Flasche Eilfer,
Am Rhein, am Mayn u Necker
    Man bringt lächlend Eilfer
Hört man doch auch wohlthätige Nahmen
    Wiederholt wie: Eilfer
Friedrich den zweyten zum Beyspiel
    Als beherrschenden Eilfer
Kannt wird noch immer genannt
    Als anregender Eilfer
Mehrere Nahmen in der Stille
    Nenn ich beym Eilfer
Von meinen Liedern sprechen sie auch
    Ruhmlich froh wie vom Eilfer.
Trincken auf mein Wohl klingend mit mir
    Alles im reinsten Eilfer.
Dies würde mich mehr freuen
    Mehr als der Eilfer
Tränke nur Hafis auch der Wurdig*e*
    Trinck den Eilfer
Eilig steig ich zum Hades hinab
    Wo vom Eilfer
Nüchterne Seelen nicht trincken
    Sage den Eilfer
Eilig Hafis geh da droben stehet
    Ein vollkommenes Glas Eilfer.
Das der Freund mir einschenkte
    Der würdigste, der den Eilfer

Sich abspart damit ich reichlich geniße
    Den vollkomenen Eilfer
Hafis jedoch eile denn zum Pfande
    Bleib ich bis du geschlurft den Eilfer
An der Tagseite des Rheingaus
    Wo verherrlicht der Eilfer
Ich an der Nachtseite hier schaudert
    den der gewohnt an Eilfer
Komme zuruck Besonnener
    Unbesonnen durch Eilfer
Dass ich Ahnherr dich grusse
    Athmend noch Eilfer
Kehr ich zuruck so Eifert die Freundin
    Hat doch der Eilfer
Abermals dich niedergeworfen
    Truncken vom Eilfer
Lagst unempfindlich meinem Kosen
    Als ware der Eilfer
Meinen Kussen vergleichbar
    Meide den Eilfer
Und sie weis nicht dass du Hafis
    An meiner Statt den Eilfer
Ausgeschlurft ich aus Liebe zu dir
    Seelenlos dalag das soll nur der Eilfer
Alles habe gethan und verbrochen
    Der unschuldige Eilfer
Liebchen aber sagt diesen Rival
    den Schencken den Eilfer
Neid ich wie des schwarzaugigen Schencken
    Stets bereiten Eilfer
Hatem sieh mir ins Auge
    den Schencken den Eilfer

Lass sie fahren diese Kusse sie sind von heute
  Was will der Eilfer.
....
....
Denn ich mochte gar zu gern
  Trincken den Eilfer
Wenn er alt ist denn gegenwartig
  Ist er allzu rasch u jung der Eilfer
Niemals mocht ich entbehren
  Im Leben den Eilfer
Der soviel wuchs und gut
  Anno eilf drum heist er eilfer

〈*ca. 24 Zeilen Spatium*〉

Sing es mir ein andrer nach
  Dieses Lied vom Eilfer
Denn ich sang im Liebesrausch
  Und berauscht vom Eilfer.

FA I.3,1, S. 597-599

Entwürfe zu einem Aufsatz
über den Weinbau

Einleitung

Daß einzelne Pflanzenfreunde sich nach und nach auf Mono-
graphie beschränken werden ist gewiß nur ist zu befürchten
daß dadurch die Botanik noch grenzenloser werden müsse,

daher ist zu wünschen daß auch diese Monographien im morphologischen Sinne behandelt werden da denn Wissen und Wissenschaft sogleich in einander wirken sich wechselseitig fördern und erleichtern.

Ein solches ward mir einmal von Hr. Präs. Nees von Esenbeck über die Gentianen mitgeteilt, welches mir, da ich diesem Geschlecht besondere Aufmerksamkeit widmete, zu großer Aufklärung gedieh. Auch wird es von dem größten Vorteil sein wenn man neue praktische Erfindungen und Vorschläge auf die Morphologie zurückführte, die physiologischen Phänomene auf welche dieselbe immer hindeuten leisten zum Handeln und Tun großen Beistand.

Ich besuchte vor vielen Jahren den alten Hofgärtner Seidel in Dresden und da ich mich nach verschiedenen Vorkommenheiten erkundigte, war er mir freundlich zu Willen und ging in die Sache ein als ein vollkommen Wissender. Er hatte sich den Begriff in seiner ganzen Folge nach und nach aus seiner eigenen Praxis vollständig errungen und gebarte damit besser als irgend ein anderer.

Es kommt alles darauf an daß uns die Allgegenwart des Lebens und die Allbildsamkeit desselben immer vor Augen sei; das übrige folgt alles daraus. Erst nach und nach ist man auf die Möglichkeit durch Stecklinge zu vermehren bis an solche Pflanzen herangegangen welche am widerspenstigsten zu sein schienen, daß jedes Auge schon wieder eine vollkommene Pflanze sei wußte man lange, das Okulieren ist uralt, daß jedes Auge einer zerschnittenen Kartoffel Wurzel schlage und eine Pflanze aus sich entwickele und dergl. mehr, ist längst bekannt, aber daß man das ausgeschnittene Auge einer Weinrebe durch gehörige Behandlung, durch eine feuchte Wärme gleichfalls zum Wurzelschlagen zwingen und daraus einen vollkommnen Weinstock ziehen könne ist noch nicht so alt.

Ich ziehe *Kechts* verbesserten praktischen Weinbau in Betrachtung und zwar diesem Sinne gemäß, dabei merke folgendes an:

Es ist nicht das erstemal daß ein Laie den Irrtum entdeckt, in welchem die Eingeweihten ohne weitern Zweifel dahin gehen. Merkwürdig aber bleibt immer auch dieser Fall daß ein Lakkierer in Berlin die sämtlichen Weinbauenden auf unverzeihliche höchst schädliche Fehler aufmerksam macht, hiezu gelangte er durch eine reinere Ansicht der Natur die sich ob es ihm gleich an einer gründlichen physiologischen Einsicht fehlt dennoch praktisch bewährt und so denenjenigen die sich davon überzeugen zu entschiedenem Nutzen gereichen muß.

Hier tritt nun gerade der Fall ein den ich gern ergreife um die Ansicht des Weinstocks noch weiter theoretisch auf das Naturgesetz zurückzuführen, wobei sich erweisen wird daß die geringe Differenz zwischen seiner und unsrer Denkweise durch eine bloße Änderung des Wortes in der Nomenklatur zu heben ist, wodurch aber sogar der hohe Wert seiner praktischen Lehre noch deutlicher in die Augen leuchtet. Mein Verfahren aber wird aus folgendem Vortrag deutlich werden. Ich habe *Kechts* verbesserten praktischen Weinbau in Gärten und vorzüglich auf Weinbergen 4te Ausgabe, Berlin 1827. vor mir.

Dornburg d. 5. Aug. 1828.

Der Weinstock

Der Knoten einer Pflanze enthält die künftige Vegetation schon in sich und besonders find ich bei dem Weinstock die Betrachtung des Knotens höchst wichtig, weil das was aus ihm entspringt als ein höchst seltenes Vorkommen angesehen werden kann.

An dem Knoten der Weinrebe zeigt sich zuerst ein einfaches Blatt, dieses ist gleichsam das Ende der vorhergehenden Stufe, der früheren von der Natur beliebten Abteilung.

Über diesem, als zu der neuen Generation gehörig zeigt sich als ein außerordentliches bei andern Pflanzen ungewöhnliches Organ, ein völliges Zweiglein mit mehreren Blättern kleinen, aber an Gestalt mit jenem erstern übereinkommend.

Über und gleichsam hinter diesem gegen Stiel und Stengel zu zeigt sich nun erst das Auge, welches gewöhnlich unmittelbar über und hinter jenem ersten Blatte gelegen ist. Auge und Zweiglein sind wie man bei Zergliederung gar wohl bemerken kann aufs innigste verbunden, das Zweiglein fährt in seinem Wachstum mit den Monaten fort, das Auge hingegen bleibt ruhig, die Vegetation des folgenden Jahres verkündend.

Auf der entgegen gesetzten Seite zeigt sich aber ein Auswuchs, welcher höchst merkwürdig ist, ohne vorbereitendes Blatt unmittelbar aus der anschwellenden Rinde tritt in den meisten Stellen eine dünne strickartige Verlängerung hervor welche sich bei fernerem Fortwachsen gabelartig teilt und die Eigenschaft hat sich an alles was es erreichen kann anzuschmiegen und sich alsobald zu rollen den Gegenstand zu umschlingen oder sich in sich selbst spiral zu bilden trachtet. Mit diesen starken vegetabilischen Fäden oder Stricklein klammert sich die Ranke überall an und betätigt ihre wichtige Naturbestimmung die grenzenlos auslaufenden Fortsätze da und dort fest und schwebend zu erhalten.

Diese Gabel (von den Lateinern Capreolus von den Franzosen Vrille genannt) hat aber außer ihrer jetzt ausgesprochenen Wirksamkeit die höchst bedeutende Eigenschaft manchmal als Traube zu erscheinen, sie manifestiert sich sodann ganz eigentlich als ein Zweig, als ein Stiel der blütenreich er-

scheint und die Beeren hervorbringt, um derentwillen der Weinstock überhaupt so hoch geschätzt wird.

Da nun ein solcher Knoten wenn er in die Erde gebracht wird, Wurzeln schlägt welche den weiteren Wachstum veranlassen, so ist auffallend daß in diesem kleinen Kreise des Knotens so mannigfaltige, diese Pflanze so sehr auszeichnende Möglichkeiten vorhanden sind, diese aber recht zu kennen, genau zu erforschen gibt uns das Kechtische Büchlein die nächste Veranlassung.

Wir wollen nunmehr diese oben benannten Pflanzenteile, die sich um den Knoten versammeln und so das ganze Leben des Weinstocks in sich schließen nochmals nennen und alsdann einzeln näher betrachten

>das Vorbereitungsblatt
>das Hülfszweiglein
>die Knospe
>die Vrille
>>als solche
>>als Beerentraube

Das Vorbereitungsblatt steht hier, wie bei allen Pflanzen, als aus den Gefäßen des vorhergehenden Systems, am obern Ende desselben sich entwickelnd, es dient offenbar durch ein Heranziehen des Saftes zu dem Knoten, das hinter ihm liegende Auge zu fördern, es bildet das Reservoir woraus jenes seine notwendige Nahrung zieht. Wir sagen allgemein anerkannte Dinge und halten uns hiebei nicht weiter auf. Genug es ist ausgemacht daß die Entblätterung einer Pflanze den Augen welche hinter den Blättern liegen schädlich sei, ja dem Ganzen den Untergang bringen könne.

Wenn nun aber dieses vorbereitende Blatt seinem Auge, seiner Knospe die gehörige Nahrung zuführt, so ist in dem ge-

genwärtigen Fall das Merkwürdige daß es zwei Organe zu versorgen hat, nämlich vorerst

das Hülfszweiglein

und dieses ist es, wovon bei Kecht hauptsächlich die Rede ist; er überzeugt sich daß dieses Zweiglein einen besonderen Einfluß auf die Knospe bewirke, von welcher Art dieser jedoch sei darüber wollen wir nicht mit ihm rechten.

Wir sind wie er überzeugt daß es ein, dem weiteren Fortwachsen der Pflanze dem höheren Ausbilden des Auges notwendiges Organ sei, welches sich auch dadurch bewährt, daß die nach weggenommenen Hülfszweiglein sich entwickelnden Knospen keine fruchttragenden Ruten hervorbringen sondern nur Knotensysteme obbenannter Art, im ganzen aber sodann verholzen.

Ein solches von uns genanntes Hülfszweiglein aber wird von den Weinbauern, weil es keine Früchte bringt und sie von einer physiologischen Einwirkung keinen Begriff haben, als überflüssig, als schädlich gedacht; doch kann man ihnen dieses, auf der Kulturstufe wo sie stehen nicht verargen. Der Menschen Bedürfnisse sind so vielfach und so verschränkt, daß man sich nicht zu wundern hat, wenn sie immerfort aufs Nützliche losgehen und das was nicht unmittelbar nutzt für schädlich halten. Gäten wir ja doch alles was nicht gesäet ist als Unkraut aus; es hat sich selbst, gegen unsern Willen und zu unserm Schaden ausgesäet, und muß daher wie billig unsern Absichten unsern Zwecken weichen, ohne deshalb geringer von dem Pflanzenkenner angesehen zu werden.

Hier aber tritt der eigene Fall ein, daß ein Organ welches wir als nützlich als notwendig anzusehen haben von der Menge für unnütz und schädlich gehalten und entfernt wird.

Kecht behauptet dagegen dieses Zweiglein müsse beibehalten werden aus obigen Ursachen, aber im Herbst entfernt, in-

dem es alsdann seine Schuldigkeit getan und der dahinter liegenden Knospe zu einer vollständigen Konsistenz geholfen.

Da aber dieses Seitenzweiglein im Herbste nicht wie das Vorbereitungsblatt abfällt sondern stehen bleibt so ist daraus ersichtlich daß die Natur auch dessen ferneren Wachstum gewollt habe. So fragt sich was denn erfolgen würde, wenn man dieses Zweiglein nicht entfernte. Ich antworte darauf, es würde fortwachsen, und gelegentlich das hinter ihm sich entwickelnde Auge, entweder am Wachstum hindern oder von ihm gehindert werden denn es gibt Fälle, wo aus diesem Zweiglein wirklich vollkommene fruchttragende Ruten zu ziehen sind (S. Kecht, Seite 50.).

Daß neue Vorschläge dieser Art durchgeführt werden ist gar viel erforderlich.

Zuerst *Überzeugung* d. h. volle Einsicht in die Maxime wornach gehandelt werden soll; woraus denn Anerkennung der Würde und des Wertes solcher neuen Eröffnungen sich bestätigt.

Hieraus aber nun entwickelt sich der *Enthusiasmus*, der Antrieb nach solchen Grundsätzen zu handeln und andere darnach handeln zu machen.

Im Praktischen aber wird eine *Versatilität* des Geistes gefordert das einfach Erkannte in allen Fällen anwendbar zu machen.

Hiezu ist nötig ein langes Leben, um die *Anwendung* durchzuführen damit sie wirklich praktisch, dem Verstand gemäß und vielen faßlich sei.

Dadurch kann denn endlich das eigentlich Rechte, Vernünftige, Nützliche zur *Routine* werden, wo es auch der Unverstand brauchen und zu seinen Zwecken verwenden kann.

Dornburg d. 7. Aug. 1828.

Mir scheint die Bemerkung wichtig daß immer am dritten Knoten die Gabel fehlt; es fragt sich im künftigen Jahre, wenn die Ranke zur Rebe geworden ist und ihre Knospen treibt ⟨ob⟩ an dieser Stelle wo sich immer ein Wülstchen erzeugt eine Traube sich Luft macht und sich entwickelt; wenn auch hier nur eine Gabel entstünde, so wär es schon merkwürdig.

Verschiedene Benennungen

1. *Vorzweig* wir geben ihm diesen Namen wie dem *Vorblatte*, weil wir dieses Zweiglein als mitwirkend und vorbereitend ansehen, und deshalb sein Dasein für nützlich halten.

2. *Ableiter* will Kecht dieses Zweiglein genannt wissen weil er den allzustarken Trieb ins Holz verhindere und dadurch mehr Frucht tragende Ranken sich entwickeln lasse.

3. *Zuleiter* möchten wir ihn nennen, weil er so lange er besteht die Kräfte des Auges vermehrt welches also nicht allein gesunde sich späterhin verholzende Ranken aus dem Auge hervorgehen läßt, sondern gleich vollkommen fruchtfähige und deren Entwicklung hinter sich bereitet.

4. *Geiz*, hierher gehört die Bemerkung daß der Mensch was er nicht unmittelbar für nützlich findet für verwerflich für schädlich hält, und deshalb auch dieses Vorzweiglein ungeschickter Weise abreißt.

Nach uns bleiben alle bemerkbare Teile des Knotens in gleicher Würde.

> Vorblatt
> Vorzweig
> Auge oder Knospe
> Gabel und wenn das Glück gut ist
> Traube.

Dieser Vorzweig wenn man das hinter und über ihm liegende Auge wegbräche würde selbst zur Ranke werden, es entwickeln sich an ihm schon in seinem schwachen Zustande Vrillen und würden auch gar wohl in der Folge Trauben sich an ihm entwickeln können.

Frage ob vielleicht jemals bei sehr starken Trieben schon eine Weintraube sich hier entwickelt habe.

NB. Ich habe an einem Knoten das ganze System des Auges mit Vorzweig und Vorblatt doppelt gesehen, die Gabel war jedoch zwischen beiden nur einfach und also genau betrachtet immer an ihrer Stelle.

FA I.24, S. 669-675

Weimar, 15. November 1831
An Carl Friedrich Zelter

Da ich weiß daß man sich bey dir insinuiren kann, wenn man von deinen Berlinern gut denkt und spricht, so will getrost vermelden: daß ich gestern das Fest eines eurer trefflichsten Friedens-Heroen praktisch gefeyert habe.

Es ist doch wirklich merkwürdig daß seit 4124 Jahren, genau berechnet, das heißt seit Noahs Experiment sich zu berauschen, ob schon man immerfort gewünscht hat, des edlen Weines und zwar soviel als möglich zu gewinnen, niemand recht auf den Grund der Sache kommen konnte, wie man sich auch im Einzelnen mehr oder weniger geschickt oder ungeschickt dabey gebärdete; bis endlich ein Berliner Blechlak-

kirer das Ey aufrecht stehen machte und uns einen Gedanken hinstellte, an dem wir abmessen können, inwiefern man sich bisher der echten Behandlung genähert habe.

Von Dornburg aus habe ich wohl schon hierüber ehmals geschrieben; seit der Zeit gab ich mich [damit], wie überhaupt mit Botanik, emsig immerfort ab. In Weimar, Belvedere, Jena und sonst ergriff man die ausgesprochene Maxime alsobald, ich pflanzte wenige Weinstöcke, die sind nun drey Jahre alt und wurden nach jener Art zurecht geschnitten. Aber in meinem Garten, an der Wand des Hinterhauses, steht ein uralter, mächtiger ungarischer Weinstock, der sehr schöne große blaue Trauben, aber unregelmäßig, bald viel bald wenig, brachte. Kechts wohlerfahrner Schüler und Anhänger, der ihn eben jetzt methodisch verstümmelte, versprach uns für's nächste Jahr achtzig Trauben. Du bist eingeladen, bey der Lese Zeuge zu seyn und Mitgenießender.

Ein hiesiger Bürger und Uhrmacher hat sich, freylich mit Geist und Leidenschaft, auf diese Pflege des Weinstocks geworfen und von der Rebe eines dreyjährigen Stockes im vierten Jahr 120 Trauben geerntet. Gewiß aber ist's hier wie mit allem Vorzüglichen: nur dem gelingt es, der die Maxime gründlich auffaßt, sie mit Neigung und Beharrlichkeit durchzuführen und besonders auch der Localität und dem Klima anzueignen weiß.

WA IV.49, S. 139-141

Herbst als Schreibzeit

Weimar, 6. Dezember 1796
An Johann Heinrich Voss

Bald werden Sie vielleicht die Ankündigung einer epischen Arbeit sehen; was davon fertig ist, war die Frucht der schönen Herbstzeit, zum Schluß und zur Ausarbeitung muß ich die neuen Frühlingstage erwarten.

FA II.4, S. 266

Weimar, 27. Juni 1797
An Friedrich Schiller

Das Barometer ist in steter Bewegung, wir können uns in dieser Jahrszeit keine beständige Wittrung versprechen. Man empfindet diese Unbequemlichkeit nicht eher als bis man Anforderungen an eine reine Existenz in freier Luft macht, der Herbst ist immer unsere beste Zeit.

FA II.4, S. 357

Weimar, 22. März 1800
An Friedrich Schiller

Ihrem Rath zu Folge habe ich noch einen Herbst zusammen gestoppelt und schicke hier die vier Jahreszeiten, zu gefälliger Durchsicht. Vielleicht fällt Ihnen etwas ein, das dem Ganzen wohlthut, denn was mich betrifft so finde ich mich in gar keiner poetischen Jahrszeit.

WA IV.15, S. 41.

Weimar, 30. September 1830
An Frédéric Jacques Soret,
bei Übersendung eines Honorars

Nicht goldene Aepfel, mein theuerster, kann ich Ihnen anbieten, wohl aber zarte, vergilbte Blätter, die, wenn sie, im Herbste, von hesperischen Bäumen abfallen, von sorgfältigen Gärtnern der reichen Gefilde nicht ungern aufgelesen werden. Nehmen Sie diese mit Freundlichkeit an, und lassen uns fernerhin den unsterblichen Wärterinnen des ewig keimenden, blühenden und fruchtenden Reiches treu und angehörig bleiben!

WA IV.47, S. 257

Herbst in den Bädern Böhmens

Karlsbad, 16. August 1808
An Charlotte von Stein

Alle meine wissenschaftlichen literarischen und poetischen Unternehmungen sind um etwas zugerückt. Gezeichnet und sogar gemalt ist worden. Ich befinde mich wohl und kann mit diesem Sommer sehr zufrieden sein.

Alle Zustände der Gesellschaft von der größten Einsamkeit bis zum größten Lärm und Drängen und jetzt wieder bis zur Einsamkeit habe ich erlebt. So ein Bade-Sommer ist wirklich ein Gleichnis eines Menschenlebens.

Mit der Witterung war es eben so. Die schönsten Maitage, Regen, Hitze und wieder Nässe, Herbstverkündende Nebelabende mit den schönsten Mondnächten, das alles geht zwar überall uns über dem Haupt weg; allein in diesen Gebirgen und Felsklüften empfindet man doch jedes bedeutender, weil es sich an solchen Gegenständen charakteristischer ausspricht. Die Hitze wird gleich zum Glutofen und ein Regenguß zur Sündflut.

Wenn Sie alle wieder zusammen sind, so gedenken Sie mein. Empfehlen Sie mich den Fürstlichen Damen und sämtlichen Freundinnen. Ich bleibe zwar noch einige Zeit auswärts, werde aber meinen hiesigen Aufenthalt bald verlassen und nach Franzenbrunn gehen; doch darf ich mir keine Briefe mehr erbitten, weil ich nicht weiß, wie und wo sie mich treffen, da die Posten hierher gar zu langsam gehen. Und somit will ich mich für diesmal schönstens empfohlen haben.

FA II.6, S. 351

Karlsbad (bis 25.) und Jena
(ab 28.) September 1819
Aus dem Tagebuch

1. Heiteres Wetter. Bald umwölkt. [...] Herrliche Wolken Bewegung.

2. Leichtbewölkter Himmel. Abendwind. [...] Androhender, einbrechender Nimbus vom sächsischen Gebirg.

3. Überzogener Nebel-Himmel. [...] Ganz überzogener Himmel. Schwüle. [...] Nach Tische allgemeiner, sanfter, warmer Regen.

4. Regnete sogleich.

5. Dichter Nebel Morgen. [...] Herrliche Enthüllung der Sonne, wie der Gegend.

6. Heiterster Morgen. Ganz reiner Himmel. [...] Aufsteigende Wolken. [...] Nach und nach hatte sich der ganze Himmel drohend überwölkt. Es regnete an allen Gebirgen. Mit mäßigem Schlagregen nach Hause.

7. Wolkig, mit Sonnenblicken.

8. Heiterster Tag.

10. Heitrer Himmel im Ganzen. Einzeln ruhende gehäufte Wolken-Massen (Cumulus). Leichtere sich auflösend. Reiner Sonnenuntergang nach Sechse.

11. Vollkommen reiner Himmel. [...] Auf blauem Grunde gehäufte Wolcken, sich an den zusammenstoßenden Enden in luftige Streifen auflösend. Ostwind. [...] Fortdauernder Wolken-Streif-Zug von Osten nach Westen, Donner; in den feinen, wie mit Besemen hingekehrten, leichten, weißlichen Luftstrecken Regenbogen, der sich auch über den blauen Himmel erstreckte, zum Zeichen unmerklicher Verdunstung. Nach Sonnen-Untergang stiegen von Morgen noch Cumulus auf. Halb achte nach Hause. Der Himmel rein, in Osten Wet-

terleuchten. Durch die Dunststreifen war Jupiter klar zu sehen.

12. Vollkommen heitrer Himmel. Gegen Mittag im Osten aufsteigende Cumulus, wie gestern.

13. Heiterster Himmel, nur die leichtesten Wölkchen von Norden nach Süden im Zenit hinziehend.

14. Heiterster Himmel. Herrlicher Sonnenuntergang.

15. Heiterster Morgen. [...] Herrlicher Abend. Die höchste Klarheit. Auch an der Schattenseite waren einzelne Zweige und Büsche zu unterscheiden, wie sie der ausführlichste Land-schaft-Maler nur hinschreiben konnte.

16. Der Tag war wolkig gewesen, streifenartig, Westwind.

17. Nord-Ost. Leicht gewölkter Himmel. [...] Reingefegter Himmel. Zweifelhafter Wind. Sehr warm.

18. Heiterer Himmel.

19. Zu Mittag entwölkte sich der Himmel mit Süd-Ostwind.

21. Sprühregen, bald heiter.

22. Klarster Himmel. Frischer Morgen.

24. Starker allgemeiner Nebel. Halbzehn aufgehellt. [...] Heiterer Himmel, Ostwind, heiße Sonne.

25. Heiterster Tag.

26. Überzogener Nebel-Himmel. Ost-Wind. Früh waren im Zenit Sonnenbeleuchtete Wolken zu sehen. Nachher war der ganze Himmel Streifen- und Nebelartig überzogen. [...] Geteil-ter, bald verschmolzener Himmel. Sonne trüb durchscheinend.

27. Südwinde zu Mittage. Bewölkter Himmel. Sonnenschein von Zeit zu Zeit.

28. Früh wolkig. Gegen Mittag aufgeklärt.

29. Reiner Sonnenaufgang.

30. Bewölkter Sonnenaufgang. [...] Herrlicher Sonnenun-tergang.

WA III.7, S. 88-99

Der Herbst des Alters

Weimar, 27. September 1807
An Graf Reinhard

Nach und nach, wie es gegen den Oktober zu gehen pflegt, findet sich die Gesellschaft wieder zusammen. Übrigens sieht es, leider in einem andern Sinne, herbstlich bei uns aus. Manche Blätter des hiesigen dreißigjährigen Gesellschaftstammes fallen ab und die Glieder der bisherigen Generation verlöschen. So ist Fräulein Göchhausen, Hofdame, ihrer Gebieterin der Herzogin Mutter nachgefolgt. Nicht weniger ist bei andern Lebenden und Dauer versprechenden der Humor falb, und gar mancherlei Ansichten beschleunigen einen moralischen Winter. Ich halte mich so gut ich kann und wünsche auch Ihnen das beste in dem herrlichen Paris um dessen Anblick ich Sie beneide.

FA II.6, S. 243f.

Weimar, 13. Oktober 1808
An Dorothea von Knabenau

Doch eben dieser Lakonismus belebt meine Hoffnung: denn ich vermute hinter dem ernsten Blick, den finstern Augenbrauen auch nur eine quälerische Schalkheit und lebe der festen Zuversicht, daß mir von Osten (nicht aus dem Orient mit dem ich nicht in Verbindung stehe sondern von Löbichau) nach dem willkommenen Morgenstern und der willkommneren Morgenröte nunmehr die Sonne der Gnade, Freundschaft und Liebe recht heiter durch die überhandnehmenden Herbstnebel durchbrechen werde.

Sie, meine freudespendende geliebte Freundin, werden gewiß das Ihrige dazu beitragen. Erscheinen Sie mir ja bald, wie es schon zugesagt ist, und Sie sollen als die wohltätigste aller Horen immerfort angebetet werden.

FA II.6, S. 383

Aus »Sprüche in Prosa«

Das sogenannte Romantische einer Gegend, ist ein stilles Gefühl des Erhabenen unter der Form der Vergangenheit, oder was gleich lautet, der Einsamkeit, Abwesenheit, Abgeschiedenheit.

FA I.13, S. 22

Aus »Sprüche in Prosa«

Ich bedaure die Menschen welche von der Vergänglichkeit der Dinge viel Wesens machen und sich in Betrachtung irdischer Nichtigkeit verlieren; sind wir ja eben deßhalb da um das Vergängliche unvergänglich zu machen, das kann ja nur dadurch geschehen, wenn man beydes zu schätzen weiß.

FA I.13, S. 17

Weimar, 21. September 1813
An Christian Heinrich Schlosser

Möge Sie ein günstiger Augenblick in unsere Nähe bringen! Ja ich würde Sie dringender hierzu einladen, wenn ich mir nicht allzusehr bewußt wäre, daß wir in dem Herbst und Winter des Lebens starrer und schroffer werden als billig ist; die Wirkung dieser Eigenschaften wird durch guten Willen, am besten aber durch Entfernung gemildert. Warum sollte ich mir nicht sagen, daß ich immer mehr zu den Menschen gehöre *in* denen man gern leben mag, *mit* denen zu leben es aber nicht erfreulich ist.

FA II.7, S. 258f.

Jena, 14. Dezember 1817
An Nicolaus Meyer

Dieses schreibe ich in Jena, wo Ihrer noch vor kurzem mit freundlicher Erinnerung gedacht wurde, freylich aus einer Zeit wo wir uns alle noch frisch fühlten; und wir wollen nicht klagen, daß der Frühling vorüber ist, wenn der Herbst uns nur mit Früchten segnet.

WA IV.28, S. 329

Aus »Chinesisch-deutsche Tages- und Jahreszeiten«

Nun weiß man erst was Rosenknospe sei,
Jetzt da die Rosenzeit vorbei;
Ein Spätling noch am Stocke glänzt
Und ganz allein die Blumenwelt ergänzt.

FA I.2, S. 698

An Marianne von Willemer mit einem Blatt Bryophyllum calycinum, Weimar, 12.11.1826

Was erst still gekeimt in Sachsen,
Soll am Maine freudig wachsen.
Flach auf guten Grund gelegt,
Merke wie es Wurzeln schlägt!
Dann der Pflanzen frische Menge
Steigt in lustigem Gedränge.
Mäßig warm und mäßig feucht,
Ist, was ihnen heilsam deucht.
Wenn du's gut mit Liebchen meinst,
Blühen sie dir wohl dereinst.

FA I.2, S. 816

Weimar, 13. Januar 1829
An Gräfin Dorothée de Chassepot

Es gehört wirklich viel Gutmütigkeit dazu, nach so vielen Jahren noch Fremde zu sehen, nachdem man sich immer gewärtigen muß, beobachtet, bespioniert, ausgeforscht und zuletzt doch mißverstanden zu werden. Dieses Unheil alles abgezogen bleibt denn doch noch mancher Gewinn übrig, und ich kann nicht über mich gewinnen, wenn ich mich irgend in einem präsentablen Zustand befinde, Angemeldete von nah oder fern abzuweisen. Man müßte ja, wenn man reiste, auch mit so mancherlei Unbekannten verhandeln, warum sollt ich mir die Mühe nicht auf meinem Zimmer geben? Besonders in der Herbstreisezeit ist es höchst unterhaltend, Physiognomien, Darstellung, Rede, Betragen der allerverschiedensten Art in wenigen Stunden bei sich vorüber gehen zu sehen.

FA II.11, S. 87

An Frau Rätin Wangemann,
Weimar, 4. 11. 1831

Von der Blüte zu den Früchten
Allerlei Natur-Geschichten,
Eigen sind sie deinem Hügel.
Löblich ist's nach Wurzeln graben;
Denn um helle Tagesgaben
Flattern alle Lebensflügel.

Von den Früchten zu den Blüten
Niemals werden wir ermüden;
Den Genuß an solchen Gaben
Siehst du hier in Erz gegraben.
Wie dich auch Natur entzückt,
Kunst sei freundlich angeblickt.

FA I.2, S. 836

An Zelter zum 11. 12. 1831

Ein Füllhorn von Blüten,
Ein zweites von Früchten
Wie möcht' ich gemütlich
Zum Feste sie richten!
Doch saus't ein Gestöber
In Lüften so wild;
Wo alles erstarret,
Genieße das Bild!
Begrüße die Bilder!
Sie gingen voran,
Und andere folgen –
So fort und fortan!

FA I.2, S. 836

Siglenverzeichnis

FA   Frankfurter Ausgabe. J.W. Goethe, Sämtliche Werke, Briefe, Tagebücher und Gespräche. 40 Bde., hg. von F. Apel u. a., Frankfurt am Main 1985-2013.

GG   Goethes Gespräche. Eine Sammlung zeitgenössischer Berichte aus seinem Umgang. Auf Grund der Ausgabe des Nachlasses von Flodoard Freiherrn von Biedermann ergänzt und hg. von Wolfgang Herwig, München 1998.

WA   Weimarer Ausgabe. Goethes Werke, 143 Bde., hg. im Auftrag der Großherzogin Sophie von Sachsen, Weimar 1887-1919.

Nachwort

Der Wechsel und die Wiederkehr der Jahreszeiten hat Goethe ein Leben lang beschäftigt und fasziniert. Der Kreislauf der zu erwartenden Erscheinungen, der Verlauf von Knospe und Blüte, Frucht und unsichtbarer Vorbereitung des Neuen, hat dabei etwas ebenso Stabilisierendes und Hoffnungsvolles wie auch etwas immer wieder Überraschendes. Denn Goethe hätte sich nicht so anhaltend für die Natur in allen ihren Erscheinungsformen interessieren und begeistern können, wenn sie nicht stets mit Veränderungen aufwarten würde. Noch der 72-Jährige vergewissert sich der Tatsache, die in ihrer Schlichtheit keineswegs das Staunen über die unaufhaltsame Veränderung der Natur ausschließt: »Von welcher Wichtigkeit der Jahreszeiten-Wechsel und der davon abhängenden Kälte und Wärme für die Welt ist, bedarf nicht eines Hervorhebens, da unser Dasein, das Dasein alles höhern Lebendigen davon abhängt«, heißt es in einer kleinen Schrift *Über die Ursache der Barometerschwankungen*.[1] Gerade in ihrem von beobachtbaren Gesetzmäßigkeiten geprägten Wechsel bilden die Jahreszeiten eine entscheidende Achse der Ordnung, der schönen geordneten Welt, des »Kosmos«. Was das Gedicht *Dauer im Wechsel* als eine höchst lebendige Formel zusammenfasst, findet sich schon in einem Tagebucheintrag von 1780, als Goethe 30 Jahre alt war: »Ich muss den Cirkel der sich in mir umdreht, von guten und bößen Tagen näher bemercken, Leidenschaften, Anhänglichkeit Trieb dies oder iens zu thun. Erfindung, Ausführung Ordnung alles wechselt, und hält einen regelmäsigen Kreis«.[2]

1 WA II.12, S. 66.
2 WA III.1, S. 112.

Dass Goethe zu der einen oder anderen Jahreszeit eine besondere Affinität gewonnen habe, wird sich nicht ohne weiteres beweisen lassen – auch wenn er gelegentlich von der guten oder freundlichen bzw. von der unfreundlichen Zeit spricht und dann an den Sommer oder den Winter denkt. Der Reifezeit des Herbstes jedenfalls konnte er viele gute Seiten abgewinnen, mag dabei der stets ernsthaft bedachte eigene Geburtstag am 28. August, zwischen Hochsommer und Spätjahr, auch eine gewisse Rolle gespielt haben. Schon die ersten Septembertage werden gelegentlich als Herbst bezeichnet. Dass das natürliche Wachstum nicht in der Blüte, sondern in der Frucht seine Erfüllung findet, musste schon für den jungen Autor der Sturm- und Drangzeit den Herbst als Zeit rauschhafter Fülle erscheinen lassen, wovon das Gedicht *Herbstgefühl* aus dem Jahr 1775 ein unübertroffenes Zeugnis ablegt, geschrieben vor dem entscheidenden Aufbruch nach Weimar.

Waren es dort, im Park an der Ilm oder in der weiteren Umgebung, die nebligen oder sonnigen Herbsttage, die auch den Zeichner und Augenmenschen Goethe gefesselt haben – er spricht sogar einmal von der »Liebe zum Nebel«[1] –, so ist doch gerade diese Jahreszeit zur bevorzugten Reisezeit geworden. Von Weimar aus, dem Goethe ja schließlich bis zu seinem Tod 1832 die Treue gehalten hat, bricht er im Herbst in die Schweiz auf, 1786 von Karlsbad aus zur langen italienischen Reise, einmal auch in den Feldzug nach Frankreich, dann aber regelmäßiger in die böhmischen Bäder, nach Karlsbad oder Marienbad. Der Vergleich zwischen dem Herbst im Süden und dem im Norden spielt eine fortlaufend gewichtige Rolle. Besondere Bedeutung gewinnen die Reisen in die Ge-

1 FA I.16, S. 190.

gend von Rhein und Main, ins heimische Frankfurt und in die weitere Umgebung, denn hier entsteht ein erheblicher Teil der späten Lyrik; vor allem die Liebe zu Marianne von Willemer wird eine Inspirationsquelle für den *West-östlichen Divan* (1819), in dem Goethe zugleich eine imaginäre Reise in den Orient antritt. Die Zeit der Weinernte ist daher nicht selten auch die Zeit erhöhter dichterischer Produktivität.

Es gibt wohl keinen Zweig dieses so reichhaltig verästelten Werkes, der nicht auf die eine oder andere Weise zu diesen Bildern des Herbstes beitragen würde. Der Naturforscher wie der große Erzähler, der Briefschreiber wie der Lyriker, der Gesprächspartner und selbst der Dramatiker oder der Tagebuchschreiber – in all diesen Stimmen seines Werkes und seines Lebens sind Blumen, Landschaften und Erfahrungen des Herbstes gespiegelt.

Von dieser reichen Ausbeute möchte die vorliegende Anthologie einen Eindruck vermitteln, in dem sie das literarische Werk wie auch die (auto-)biographischen Zeugnisse in verschiedenen Kapiteln als Perspektiven anlegt. In ihren natürlich unbestreitbaren Grenzen möge die Auswahl doch hoffentlich repräsentativ sein, und als Einführung, als Einladung zu weiterer Goethelektüre angenommen werden.

Mathias Mayer

Inhalt

Hesse für jede Jahreszeit

Hermann Hesse Frühling

Kurt Tucholsky hat über Hermann Hesses Naturdarstellungen geschrieben: »Er kann, was nur wenige können. Er kann einen Sommerabend und ein erfrischendes Schwimmbad ... nicht nur schildern – das wäre nicht schwer. Aber er kann machen, dass es uns heiß und kühl und müde ums Herz wird.« Hermann Hesses Beziehung zur Natur und dem Lauf der Jahreszeiten ist von jeher ein inniges. In vielen Gedichten und Betrachtungen, aber auch in seinen Romanen hat er sie beschrieben und ihren Zauber zu fassen versucht. Ulrike Anders hat Hesses schönste Gedanken zu jeder Jahreszeit ausgewählt.

Hermann Hesse, Frühling. Ausgewählt von Ulrike Anders.
insel taschenbuch 4117. 119 Seiten
Hermann Hesse, Sommer. Ausgewählt von Ulrike Anders.
insel taschenbuch 4138. 119 Seiten
Hermann Hesse, Herbst. Ausgewählt von Ulrike Anders.
insel taschenbuch 4174. 119 Seiten
Hermann Hesse, Winter. Ausgewählt von Ulrike Anders.
insel taschenbuch 4193. 119 Seiten

NF 146/1/8.12

Rainer Maria Rilke
FRÜHLING

Mit Rilke durch alle Jahreszeiten

Rainer Maria Rilke war ein genauer Beobachter der ihn umgebenden Natur, und so entstand eine Fülle von Gedichten vom Werden des Frühlings und dem Reichtum des Sommers, vom Vollenden des Herbstes und der Stille des Winters. Auch in vielen Prosatexten geht er dem Gleichnishaften von Jahres- und Lebenszeit nach, jahreszeitliche Stimmungen finden Eingang in seine Briefe. Thilo von Pape hat sich in Rilkes Werk umgesehen und reiche Ernte eingefahren, die, nach Jahreszeiten geordnet, nun in vier Büchern präsentiert wird.

Rainer Maria Rilke, Frühling. Ausgewählt von Thilo von Pape. insel taschenbuch 4118. 118 Seiten

Rainer Maria Rilke, Sommer. Ausgewählt von Thilo von Pape. insel taschenbuch 4139. 114 Seiten

Rainer Maria Rilke, Herbst. Ausgewählt von Thilo von Pape. insel taschenbuch 4173. 128 Seiten

Rainer Maria Rilke, Winter. Ausgewählt von Thilo von Pape. insel taschenbuch 4192. 123 Seiten

»Ein Triumph über das Unsagbare.«
Marcel Reich-Ranicki

»Er war das Idol und der Abgott ganzer Generationen deutscher, mehr noch, europäischer Leser, und sein klangvoll-rhythmischer Name wurde zum Inbegriff des Poetischen: Rainer Maria Rilke. Er war ein genialer Künstler. Er wußte mit dem Reim umzugehen wie nur wenige Dichter in der Geschichte unserer Literatur, er hat der Sprache ungeahnte Klänge und Melodien abgewonnen. In vielen Versen vermochte er auszudrücken, was unaussprechbar schien: Seine Poesie ist ein Triumph über das Unsagbare.« *Marcel Reich-Ranicki*

Der Zauber von Rilkes Versen ist bis heute ungebrochen. Dieser Band versammelt die schönsten Gedichte aus seinem lyrischen Werk, herausgegeben von Marcel Reich-Ranicki.

Rainer Maria Rilke, Die schönsten Gedichte. Herausgegeben von Marcel Reich-Ranicki. insel taschenbuch 4460. 250 Seiten

»Der kostbarste Schatz deutscher Lyrik.« *Marcel Reich-Ranicki*

»Von allen Schätzen der deutschen Dichtung ist dies der kostbarste: die Lyrik Goethes. Vielleicht gibt es Autoren deutscher Zunge, deren poetisches Werk umfangreicher ist, doch keinen gibt es, der so viele Gedichte geschrieben hätte, die bis heute lebendig geblieben sind, keinen, dessen Lyrik zarter und klüger, vielseitiger und farbenprächtiger wäre, nachdenklicher und temperamentvoller.

Nicht alle seine bedeutenden Gedichte sind hier versammelt. Doch alle, die sich hier finden, sind aufschlußreich und charakteristisch und daher eben auch bedeutend. Vor allem sind sie, um es ganz altmodisch auszudrücken, schön.« *Marcel Reich-Ranicki*

Aus dem umfangreichen und einzigartigen Werk Johann Wolfgang Goethes versammelt dieser Band die schönsten Gedichte – berühmte wie weniger bekannte, vertraute wie vergessene, herausgegeben von Marcel-Reich Ranicki.

Johann Wolfgang Goethe, Die schönsten Gedichte. Herausgegeben von Marcel Reich-Ranicki. insel taschenbuch 4459. 250 Seiten

Mit Rainer Maria Rilke durchs Jahr

»Du mußt das Leben nicht verstehen, dann wird es werden wie ein Fest.«

Dieser immerwährende Kalender versammelt anregende und unterhaltsame Gedanken und Gedichte von Rainer Maria Rilke für jeden Tag – sorgfältig abgestimmt auf Jahreszeiten und Feiertage. Illustriert mit vielen farbigen Abbildungen, Zeichnungen und Gemälden und mit viel Platz für eigene Notizen bietet dieser Kalender alles, was man braucht. Der perfekte Begleiter durchs ganze Jahr!

Rainer Maria Rilke, »Hiersein ist herrlich.« 365 Tage mit Rilke. Ausgewählt von Thilo von Pape. Mit vielen farbigen Abbildungen. insel taschenbuch 4252. Gebunden. 256 Seiten